REZANDO COM JESUS

George Martin

REZANDO COM JESUS

O que os Evangelhos dizem sobre o modo de rezar

Tradução:
EUCLIDES LUIZ CALLONI
CLEUSA MARGÔ WOSGRAU

EDITORA PENSAMENTO
São Paulo

Título original: *Praying with Jesus.*

Copyright © 1978, 1989, 2000 George Martin.

Publicado mediante acordo com Loyola Press, Chicago, Illinois, USA.

Todos os direitos reservados. Nenhuma parte deste livro pode ser reproduzida ou usada de qualquer forma ou por qualquer meio, eletrônico ou mecânico, inclusive fotocópias, gravações ou sistema de armazenamento em banco de dados, sem permissão por escrito, exceto nos casos de trechos curtos citados em resenhas críticas ou artigos de revistas.

A Editora Pensamento-Cultrix Ltda. não se responsabiliza por eventuais mudanças ocorridas nos endereços convencionais ou eletrônicos citados neste livro.

Dados Internacionais de Catalogação na Publicação (CIP)
(Câmara Brasileira do Livro, SP, Brasil)

Martin, George, 1939-.
    Rezando com Jesus : o que os Evangelhos dizem sobre o modo de rezar / George Martin ; tradução Euclides Luiz Calloni, Cleusa Margô Wosgrau. — São Paulo : Pensamento, 2006.

    Título original: Praying with Jesus : what the Gospels tell us about how to pray
ISBN 85-315-1448-7

    1. Jesus Cristo - Orações 2. Oração - Cristianismo I. Título.

06-2758   CDD-248.32

Índices para catálogo sistemático:
1. Oração : Prática religiosa : Cristianismo
248.32

O primeiro número à esquerda indica a edição, ou reedição, desta obra. A primeira dezena à direita indica o ano em que esta edição, ou reedição, foi publicada.

Edição   Ano
1-2-3-4-5-6-7-8-9-10-11   06-07-08-09-10-11-12-13

Direitos de tradução para o Brasil
adquiridos com exclusividade pela
EDITORA PENSAMENTO-CULTRIX LTDA.
Rua Dr. Mário Vicente, 368 — 04270-000 — São Paulo, SP
Fone: 6166-9000 — Fax: 6166-9008
E-mail: pensamento@cultrix.com.br
http://www.pensamento-cultrix.com.br
que se reserva a propriedade literária desta tradução.

Impresso em nossas oficinas gráficas.

*Para Frank e Julie,
como uma oração*

SUMÁRIO

Rezando como Jesus Rezava 11

1. JESUS REZAVA A SEU PAI 15
2. DEUS É NOSSO PAI TAMBÉM 23
3. SOMOS FILHOS DE DEUS 29
4. REZANDO DE MODO SIMPLES E DIRETO 35
5. REZANDO COM CONFIANÇA 43
6. UM TEMPO E UM LUGAR PARA REZAR 51
7. A ORAÇÃO VERDADEIRAMENTE IMPORTANTE 59
8. EM BUSCA DO PERDÃO 65
9. ORAÇÃO PELAS NOSSAS NECESSIDADES DIÁRIAS ... 71
10. MUITOS MODOS DE REZAR 77
11. AVALIAÇÃO DO NOSSO MODO DE REZAR 83
12. DIFICULDADES NA ORAÇÃO 89
13. REZANDO EM ESPÍRITO 97

14. APRENDENDO COM A ORAÇÃO MAIS LONGA 103
15. O PARTIR DO PÃO 109
16. "QUANDO ORARDES, DIZEI: PAI" 115

REZANDO COM JESUS

Rezando como Jesus Rezava

Rezar não é uma obrigação que Deus nos impõe, não mais do que Ele nos ordena, "Respirarás". A nossa necessidade de oração surge porque somos humanos e Deus é Deus. Quanto mais clareza tivermos sobre quem somos e sobre quem Deus é, mais urgente será comunicarmo-nos com aquele que sustenta a nossa existência.

Podemos sentir de várias maneiras a necessidade de rezar. Muitas vezes pedimos ajuda em momentos de dificuldade: "Senhor, tende piedade" pode ser o denominador comum de nossos pedidos. Às vezes o nosso coração se enche de gratidão, e as nossas orações são de agradecimento pelo que recebemos. Outras vezes nos damos conta da nossa condição de pecadores e nos prostramos diante do único ser que pode nos perdoar e corrigir. Há momentos, talvez menos freqüentes no caso de muitos, em que somos levados a louvar e adorar a Deus por Ele ser verdadeiramente Deus. E há outros momentos em que a nossa oração é um angustiado "Por quê? Por que isso aconteceu comigo ou com aqueles a quem amo?"

Todas essas formas de oração são expressões da nossa necessidade fundamental de comunicação com Deus. Se Deus é Deus, e se as nossas frágeis vidas estão nas mãos dele, não podemos ficar em silêncio. Se Deus tivesse uma caixa de correio ou um endereço eletrônico, poderíamos escrever para ele. Mas como ele não tem essas coisas, as palavras que verbalizamos ou pensamos devem levar-lhe nossa mensagem, na fé de que ele conhece os nossos corações.

Entretanto, mesmo acreditando que Deus nos ouve, e mesmo sentindo a necessidade de nos comunicar com ele, rezar é algo difícil para muitos de nós. Tentamos entrar na presença de Deus, mas acabamos no que Frank Sheed chamou apropriadamente de "coma piedoso". Nossa mente fica tomada de distrações, uma estática ruidosa constante que abafa a nossa comunicação com Deus. Nós nos censuramos por não saber rezar e, provavelmente, estamos certos.

A nossa incapacidade de rezar não deve surpreender-nos: somos criaturas finitas e pecadoras tentando nos comunicar com aquele em quem "vivemos, nos movemos e existimos" (Atos 17,28). Quanto mais procuramos aproximar-nos de Deus, mais evidente se torna a disparidade entre Criador e criatura. "Ninguém jamais viu a Deus" (João 1,18); todas as nossas tentativas de visualizar a Deus fracassam infinitamente. E também somos incapazes de penetrar na mente de Deus e pensar como ele. "Com efeito, os meus pensamentos não são os vossos pensamentos, e os vossos caminhos não são os meus caminhos, diz o SENHOR. Porque, assim como os céus estão acima da terra, assim os meus caminhos estão acima dos vossos caminhos, e os meus pensamentos acima dos vossos pensamentos" (Isaías 55,8-9). Tão distante quanto a galáxia mais afastada da terra, ainda mais remoto está aquele que criou as galáxias e os planetas, o espaço e o tempo. Teria sido mais fácil para uma ameba trocar algumas idéias interessantes com Einstein do que para nós transpor a distância que separa a criatura do Criador.

Deus teve misericórdia de nós em nossa insignificância, e ele mesmo comunicou-se conosco. Deus falou "muitas vezes e de modos diversos" (Hebreus 1,1) aos descendentes de Abraão, revelando a si mesmo, convidando homens e mulheres a conhecê-lo, convidando-os a rezar. E na plenitude dos tempos Deus enviou seu Filho como a ponte definitiva entre o céu e a terra, entre ele mesmo e nós. Jesus Cristo, totalmente homem e totalmente Deus, dá à humanidade condições de assumir a divindade. Jesus nos possibilita falar com o Deus que não podemos ver, com o Deus cujos pensamentos estão além dos nossos pensamentos.

Embora divino, Jesus, como ser humano semelhante a nós, sentia necessidade de rezar. Os Evangelhos mostram que Jesus era um homem de oração. Os seus discípulos perceberam isso e lhe pediram, "Senhor, ensina-nos a orar" (Lucas 11,1). E ele os ensinou. As suas instruções relativas à oração, as suas parábolas sobre a oração e, acima de tudo, o seu próprio exemplo como homem de oração têm muito a nos ensinar sobre o modo como devemos rezar.

É disso que trata este livro: ver o exemplo dado por Jesus quando ele rezava e ouvir as suas palavras de instrução sobre a oração.

1

Jesus Rezava a seu Pai

Estando num certo lugar, orando, ao terminar, um dos seus discípulos pediu-lhe: "Senhor ensina-nos a orar, como João ensinou a seus discípulos".

Lucas 11,1

Os discípulos nunca haviam rezado? Eram tão ignorantes em matéria de oração que precisavam pedir a Jesus instruções de iniciantes? Isso parece duvidoso.

Devemos supor que os discípulos eram pelo menos devotos judeus comuns, formados na rica herança das orações e bênçãos judaicas. Eles tinham o templo como sua casa de oração, com os seus rituais de sacrifício altamente desenvolvidos. Tinham o livro dos Salmos como hinário, com os seus cânticos de louvor e arrependimento, júbilo e lamentação. Tinham a observância do sábado e as festas e celebrações anuais do judaísmo. Tinham as orações da manhã e as orações e bênçãos da noite. A oração estava entranhada na vida e na cultura dos discípulos de Jesus de uma maneira que a maioria dos homens e mulheres de hoje não consegue sequer imaginar.

Não obstante, eles se dirigiram a Jesus e pediram-lhe que os ensinasse a rezar. O que estavam pedindo? Queriam apenas um estilo diferente de oração, algo que os identificasse como discípulos de Jesus? Tudo indica que João Batista teria ensinado seus discípulos a rezar de um modo muito específico (Lucas 5,33); os seguidores de Jesus poderiam ter pedido um estilo de oração como sinal da sua identidade. No entanto, o cenário em que eles pediram a Jesus que os ensinasse sugere que eles tinham algo mais em mente.

Muitas vezes Jesus rezava na presença dos discípulos: "Certo dia, ele orava em particular, cercado dos discípulos, aos quais perguntou: 'Quem sou eu, no dizer das multidões?'" (Lucas 9,18). Foi num cenário semelhante que os discípulos pediram a Jesus que os ensinasse a rezar: Jesus "estando num certo lugar, orando, ao terminar, um dos seus discípulos pediu-lhe: 'Senhor, ensina-nos a orar'" (Lucas 11,1). Os discípulos tinham visto Jesus rezar e observado que havia algo diferente em sua oração — diferente das tradições deles, diferente do modo como eles rezavam. Eles queriam aprender essa nova maneira de rezar; eles queriam rezar como Jesus rezava.

Pai

O que os discípulos perceberam quando observaram Jesus rezando? O que havia de diferente em suas orações?

A característica mais visível das orações de Jesus é que ele se dirigia a Deus como "Pai". Os Evangelhos mostram isso claramente, e esse era sem dúvida o aspecto da sua oração que mais surpreendia e impressionava os seus seguidores. Para nós, hoje, talvez não haja nada de surpreendente em Jesus rezar a Deus como seu Pai. Entretanto, para os contemporâneos dele, no século I, essa forma de tratamento deve ter parecido chocante. Pouca coisa na tradição judaica os havia preparado para tanta ousadia.

A paternidade de Deus é mencionada no Antigo Testamento, mas não é um tema que se impõe. O Salmo 103 proclama: "Como um pai é compassivo com seus filhos, o Senhor é compassivo com aqueles que o temem" (versículo 13). Deus falou a seu povo através do profeta Jeremias: "Vós me chamareis 'Meu Pai', e não vos afastareis de mim" (Jeremias 3,19). Porém, as passagens do Antigo Testamento que chamam Deus de "Pai" são relativamente poucas.

Era característica de Jesus, no entanto, dirigir-se a Deus e falar de Deus como seu Pai. Os Evangelhos contêm cerca de 170 ocorrências em que Jesus se dirige a Deus ou se refere a ele como seu Pai; a maioria delas encontra-se no Evangelho de João, que salienta a relação de Jesus com Deus como seu Pai. Exceto quando ele usou expressões dos Salmos na cruz, cada oração de Jesus registrada nos Evangelhos é dirigida a Deus como Pai. Por exemplo, ao rezar antes de ressuscitar Lázaro, ele disse, "Pai, dou-te graças porque me ouviste" (João 11,41).

Meu Pai
Jesus não só se refere a Deus e fala de Deus como Pai — ele se referia a ele como "meu Pai". As referências do Antigo Testamento à paternidade de Deus geralmente falavam de Deus como Pai do povo escolhido. Jesus, em contraste, falava sobre Deus ou rezava a Deus como seu Pai pessoal. Essa atitude ia muito além do que a piedade judaica permitia. Para o devo-

to judeu, a idéia de referir-se a Deus como seu próprio Pai deve ter parecido absolutamente insolente, quase uma blasfêmia.

No entanto, Jesus rezava a Deus como seu Pai e fazia isso com naturalidade e confiança:

> Naquele momento, ele exultou de alegria sob a ação do Espírito Santo e disse: "Eu te louvo, ó Pai, Senhor do céu e da terra, porque ocultaste essas coisas aos sábios e entendidos e as revelaste aos pequeninos. Sim, ó Pai, porque assim foi do teu agrado. Tudo me foi entregue por meu Pai e ninguém conhece quem é o Filho senão o Pai, e quem é o Pai senão o Filho e aquele a quem o Filho o quiser revelar" (Lucas 10,21-22).

Esse era o tipo de oração ousada e íntima que os discípulos de Jesus observavam. Era essa forma de oração, sem precedentes na tradição judaica, que distinguia Jesus de qualquer outra pessoa.

Abba, Pai

Jesus usava a palavra aramaica *abba* ao dirigir-se a Deus como seu Pai. O aramaico era a língua falada pelos judeus que viviam na Palestina na época de Jesus, e portanto era a língua nativa de Jesus. Os quatro Evangelhos, escritos em grego, preservam poucas palavras do aramaico ditas por Jesus. *Abba* é uma delas: "*Abba*! Ó Pai! Tudo é possível para ti" (Marcos 14,36).

Abba é uma palavra informal e coloquial para *pai*. *Abba* é a palavra que as crianças usavam ao falar com seus pais; é também a palavra com que se dirigiam a seus pais depois de adultos e de já terem os seus próprios filhos. Em português, o equivalente mais próximo de *abba* é *Papai*. *Pai* é muito formal e *Paizinho* é muito informal. *Abba* não é linguagem infantil nem gíria. *Abba* é uma forma de tratamento íntima, mas respeitosa, com um elemento de afeto.

Provavelmente Jesus chamava José de "Abba" desde o momento em que aprendeu a falar até a morte de José. Não havia nada de estranho nisso. Mas em suas orações, Jesus também se dirigia a Deus como "Abba". Esse era um modo surpreendente de se expressar, característico de Jesus, não usado por outras pessoas. Embora as orações de Jesus fossem profundamente respeitosas e reverentes, elas se dirigiam a Deus em termos familiares e afetuosos. Jesus rezava a Deus não como a um Pai distante, mas a um Abba próximo e amoroso. Jesus falava a seu Pai celestial com a mesma intimidade que as crianças demonstram ao falar com seus pais terrenos. Isso é o que as orações de Jesus tinham de mais notável e que os discípulos não podiam deixar de perceber quando o ouviam rezar.

O Filho de Deus

Se Jesus podia falar com Deus como seu Abba, significa que ele tinha um relacionamento especial com o Deus de Israel, o criador do céu e da terra. Com efeito, essa relação especial com Deus constituía o centro da vida e da missão de Jesus. O Deus de Abraão, o Deus de Isaac, o Deus de Jacó era seu Pai. Jesus era o Filho de Deus. O significado de tudo o que Jesus fazia e ensinava surgia da sua condição de Filho de Deus. Um dos temas centrais do Evangelho de João é que a missão de Jesus era fazer a vontade e proclamar a mensagem do Pai, e assim revelar o Pai aos homens:

Quem me vê, vê o Pai. Como podes dizer, "Mostra-nos o Pai!"? Não crês que estou no Pai e o Pai está em mim? As palavras que vos digo, não as digo por mim mesmo, mas o Pai, que permanece em mim, realiza suas obras. Crede-me: eu estou no Pai e o Pai em mim (João 14,9-11).

Jesus viveu entre nós como revelação do Pai. Como ele era verdadeiramente o Filho de Deus, aqueles que viam Jesus viam o Pai. Jesus não era simplesmente um mensageiro de Deus, como os profetas do Antigo Testamento. Jesus era, ele próprio, a mensagem de Deus, a Palavra de Deus para nós.

Se Jesus não fosse o Filho de Deus, as suas palavras e ações teriam sido de fato insolentes. Alguns o acusaram de blasfêmia (Mateus 26,65) e se revoltaram com a relação que ele dizia ter com Deus: "Então os judeus, com mais empenho, procuravam matá-lo, pois, além de violar o sábado, ele dizia ser Deus seu próprio pai, fazendo-se, assim, igual a Deus" (João 5,18).

Mas para aqueles que acreditavam nele e aceitavam as suas palavras, a relação íntima de Jesus com Deus era algo de que eles queriam participar. Quando os discípulos pediram a Jesus, "Senhor, ensina-nos a orar" (Lucas 11,1), não estavam pedindo apenas que ele os ensinasse a rezar como ele rezava; estavam também pedindo para fazer parte do relacionamento íntimo de Jesus com o Pai.

Para Refletir
- *Quando eu rezo?*
- *Sobre o que eu normalmente falo com Deus?*

Oração Introdutória
Obrigado, Senhor Jesus Cristo, por descer entre nós como Filho de Deus. Ensina-me a rezar. Concede-me o dom e a graça de rezar como tu.

2

Deus é nosso Pai Também

Portanto, orai desta maneira:
  Pai nosso que estás nos céus,
    santificado seja o teu nome.

Mateus 6,9

Se Jesus não fosse Filho de Deus, a sua postura como íntimo do Pai teria sido blasfema. Sem dúvida, nenhum homem comum poderia dirigir-se a Deus como "Abba" — dirigir-se ao criador do universo com a mesma familiaridade que um filho ou filha tem com seus pais.

Mas é exatamente isso que Jesus convidou seus discípulos a fazer!

A oração que Jesus ensinou a seus seguidores, a oração que nós chamamos de Oração do Senhor, chama Deus de "Pai", de "nosso Pai". Jesus autorizou os seus discípulos a rezar como ele rezava, a recorrer a seu Pai como Pai deles também.

Essa oração não era uma questão de palavras apenas, uma nova fórmula que os discípulos poderiam usar quando rezassem. A oração que Jesus lhes ensinou refletia uma nova relação que ele estava estabelecendo entre eles e Deus. Jesus podia autorizar os seus seguidores a dirigir-se a Deus como "Pai" porque a sua missão era fazer deles filhos e filhas de Deus.

Deus como nosso Pai

Jesus nos ensinou o que significa ter Deus como nosso Pai. A parábola do filho pródigo é na verdade a parábola do pai amoroso (ver Lucas 15,11-32). Quando lemos essa parábola, em geral nos concentramos no filho que exigiu do pai a sua herança e depois a esbanjou em terras distantes. Mas a parábola trata menos do filho que recupera a razão e volta para casa que do anseio do pai em recebê-lo de volta. O pai perdoou o filho errante sem subterfúgios ou questionamentos e celebrou o seu retorno com uma festa. E assim, ensinou Jesus, é o nosso Pai celeste: ansioso por perdoar, ansioso por receber-nos de volta. Essa parábola é um ensinamento sobre Deus, sobre o amor de nosso Pai por nós e sobre o seu júbilo quando voltamos para ele.

Jesus recorria ao amor dos pais terrenos por seus filhos para mostrar como Deus nos ama. Ele ensinou que o amor do nosso Pai celeste vai muito além do amor que temos por nossos filhos. "Ora, se vós que sois maus sabeis dar boas dádivas aos vossos filhos, quanto mais o vosso Pai que está nos céus dará coisas boas aos que lhe pedem!" (Mateus 7,11). Jesus ensinou que nosso Pai celeste conhece todas as nossas necessidades (Mateus 6,32) e preparou uma morada eterna para nós: "Não tenhais medo, pequenino rebanho, pois foi do agrado do vosso Pai dar-vos o reino" (Lucas 12,32).

Por sua morte e ressurreição, Jesus possibilitou que fôssemos adotados como filhos de Deus. O Filho de Deus veio para que pudéssemos participar da relação que ele mesmo tinha com o Pai: "Subo a meu Pai e vosso Pai; a meu Deus e vosso Deus" (João 20,17). Assim, Jesus podia ensinar seus seguidores a rezar como ele rezava porque os estava convidando a entrar numa relação com o seu Pai como Pai deles, chamando-o de Abba.

Os primeiros seguidores de Jesus falavam aramaico, por isso era natural para eles empregar a mesma palavra aramaica para *pai* que Jesus usava ao rezar. Essa prática parece ter continuado na igreja primitiva, mesmo entre os cristãos que não tinham o aramaico como língua nativa. Quando Paulo, escrevendo em grego para cristãos de língua grega, quis descrever a oração cristã, ele esclareceu que os cristãos se dirigem a Deus como Abba:

> Todos os que são conduzidos pelo Espírito de Deus são filhos de Deus. Com efeito, não recebestes um espírito de escravos, para recair no temor, mas recebestes um espírito de filhos adotivos, pelo qual clamamos: *Abba*! Pai! O próprio Espírito se une ao nosso espírito para testemunhar que somos filhos de Deus (Romanos 8,14-16).

> E porque sois filhos, enviou Deus aos nossos corações o Espírito do seu Filho, que clama: "*Abba*, Pai!" (Gálatas 4,6).

Certamente, os cristãos que falavam grego podiam usar (e usaram) a palavra grega para *pai* quando rezavam a Deus como seu Pai, mas pelo menos alguns deles preservaram a lembrança da palavra aramaica *abba* que Jesus e os cristãos de língua aramaica empregavam ao rezar. Essa prática ressalta a importância de rezar a Deus como nosso Pai: rezamos a Deus imitando Jesus, que nos possibilitou entrar na sua relação com Deus como seu Pai.

O Espírito de Adoção

Paulo explica que é através do Espírito Santo que podemos chamar Deus de "Abba, Pai", porque é através do Espírito que somos adotados como filhos de Deus. Jesus também falava do Espírito e do seu papel. No relato de João sobre a última ceia, Jesus disse a seus discípulos que iria deixá-los, mas isso não significava que eles ficariam abandonados: "E rogarei ao Pai, e ele vos dará outro Paráclito, para que convosco permaneça, para sempre, o Espírito da Verdade.... Não vos deixarei órfãos" (João 14,16-18). Os apóstolos não ficariam órfãos porque seriam filhos adotivos de Deus.

Através da ação de Jesus Cristo e da presença do Espírito Santo em nós, somos verdadeiramente filhos e filhas adotivos de Deus. Por isso, podemos dirigir-nos a Deus como "meu Pai", "Abba"; podemos rezar como Jesus rezava. O que poderia ser presunção nossa fazê-lo por nós mesmos — ousar aproximar-nos do criador do universo como uma criança se aproxima dos seus pais — podemos fazer através de Jesus Cristo. Como observa Paulo, não precisamos aproximar-nos de Deus com medo; não somos escravos que se retraem diante do seu senhor. Somos filhos e filhas que se aproximam confiantemente do nosso Abba, do nosso Pai. Através de Jesus Cristo, podemos entrar na intimidade com Deus.

Quando rezamos a Deus como nosso Pai, declaramos corajosamente quem somos: proclamamos que somos filhos e filhas de Deus. Quando rezamos "Pai nosso", expressamos do fundo do nosso ser uma relação íntima com Deus, uma relação que Jesus Cristo estabeleceu por nós. Para compreender a oração de Jesus, precisamos reconhecer a sua relação com Deus como seu Abba. Para nós, rezar como Jesus nos ensinou é dirigir-nos a esse mesmo Deus como nosso Abba. Jesus nos autorizou a rezar como ele rezava; ele nos possibilitou entrar em contato com seu Pai como nosso Pai.

Para nós, portanto, rezar é entrar numa relação com Deus estabelecida por Jesus Cristo. A nossa oração não pode ser reduzida a uma técnica — a "instruções de como fazer" ou a "regras para obter sucesso na oração". A nossa oração sempre conterá um elemento de mistério porque ela é um aspecto da nossa relação pessoal com Deus. Assim como não podemos reduzir a amizade humana a regras estabelecidas ou apreender o amor entre mãe e filha num manual, também não podemos afastar a dimensão de mistério da nossa vida de oração. Como a relação com os nossos pais foi amadurecendo à medida que crescíamos, e como a nossa relação com um cônjuge ou amigo íntimo cresce com o passar dos anos, do mesmo modo a nossa relação com Deus se transformará à medida que aumentarem o nosso conhecimento dele e o nosso amor por ele. Isso significa que também a nossa oração se transformará.

Para Refletir
- Que palavras uso com mais freqüência para me dirigir a Deus?
- Penso em Deus como meu Pai?
- Sinto-me à vontade chamando-o de meu Pai?

Oração Introdutória
Abba, Pai querido! Mostra-me o quanto me amas. Que eu me sinta à vontade em tua presença como teu filho amado.

3

Somos Filhos de Deus

Deixai vir a mim as criancinhas e não as impeçais, pois delas é o Reino de Deus. Em verdade vos digo, aquele que não receber o Reino de Deus como uma criancinha, não entrará nele.

Lucas 18,16-17

O que significa receber o reino de Deus como uma criança? Normalmente voltamos toda a nossa atenção às qualidades que, supomos, caracterizam as crianças, e achamos que devemos imitar essas qualidades. Consideramos as crianças inocentes, diretas no seu afeto, amorosas, confiantes, espontâneas, alegres e despreocupadas. Quanto a nós, procuramos integrar essas características ao nosso modo de ser, quase sempre sem êxito.

Os pais sabem que esses traços caracterizam as crianças, mas sabem também que há o outro lado da moeda. As crianças são egoístas, egocêntricas, dadas a ciúmes mesquinhos, confusas em seus afetos e incoerentes em seu comportamento. A maioria delas não é aquele modelo de virtude que nos possibilite compreender com facilidade a insistência de Jesus no sentido de imitá-las. O que Jesus queria dizer, então?

Ser Filhos e Filhas

A característica essencial das crianças que Jesus gostaria que imitássemos é a sua condição de filhos e filhas. As crianças podem ser boas ou más — mas ainda assim são filhos e filhas. Nada muda essa relação básica.

Podemos ver essa verdade claramente na parábola do filho pródigo, no capítulo 15 do Evangelho de Lucas. O filho pródigo não agiu como um bom filho; mesmo depois de arrepender-se dos seus pecados, ele só queria voltar para a casa do seu pai como um simples empregado: "Já não sou digno de ser chamado teu filho. Trata-me como um dos teus empregados" (versículo 19). Mesmo assim, o pai insistiu que ele era de fato seu filho e o acolheu como a um filho: "Trazei o novilho cevado e matai-o; comamos e festejemos, pois este meu filho estava morto e tornou a viver; estava perdido e foi reencontrado!" (versículos 23-24). Os pecados do filho pródigo não mudaram a realidade básica de que ele era filho do seu pai; nem mudaram o amor do seu pai por ele.

Essa é também a nossa realidade fundamental. Por termos sido redimidos por Jesus Cristo e recebido o Espírito Santo, somos adotados como filhos e filhas de Deus e podemos verdadeiramente chamá-lo de Pai (ver Romanos 8,14-17). É importante reconhecer a nossa adoção como filhas e filhos de Deus. O nosso comportamento também é importante: os pais não querem que seus filhos sejam malcriados ou desobedientes. Mas a realidade básica é simplesmente que somos filhos e filhas de Deus.

Sob essa luz, as palavras de Jesus: "Aquele que não receber o Reino de Deus como uma criancinha, não entrará nele", (Lucas 18,17) assumem um significado específico. Jesus não nos exortou a adotar traços de caráter infantis ou a agir com infantilidade. Ele nos pediu que reconhecêssemos a condição de filhos e filhas que ele nos oferece. O reino do céu é prometido aos que chamam a Deus "Abba, Pai", entrando numa relação íntima e amorosa com Deus.

Para entrar nessa relação com Deus, precisamos tomar algumas decisões. É necessário aceitar a Deus como nosso Pai e dirigirmo-nos a ele como nosso Pai com amor e adoração. É necessário aceitar seu Filho, Jesus Cristo, como nosso Salvador e Senhor, e submeter os nossos desejos pessoais às exigências dele. É necessário acolher o Espírito Santo em nossa vida como nosso guia e nossa força.

Existem mais coisas envolvidas na aceitação de Deus como nosso Pai e de Jesus como nosso Salvador do que uma decisão simples e definitiva. Mesmo depois da nossa resposta inicial à graça de Deus, talvez precisemos lidar com as atitudes que desenvolvemos ao longo dos anos — atitudes que às vezes prejudicam a nossa vida de oração e nos impedem de entrar num relacionamento verdadeiro com Deus como nosso Pai. Podemos ter dificuldades em aceitar que fomos realmente adotados como filhos e filhas de Deus; podemos vacilar em dirigir nossa oração a Deus como nosso Pai.

A Imagem que Temos de Deus

Muitas vezes precisamos corrigir a imagem que temos de Deus. Se imaginarmos Deus como uma força impessoal que mantém o universo, dificilmente poderemos pensar em estabelecer uma relação pessoal com ele. Se imaginarmos Deus como alguém distante do mundo e indiferente aos nossos problemas, não teremos condições de nos dirigir a ele em oração com convicção verdadeira. Se imaginarmos Deus como um juiz implacável que registra meticulosamente todos os nossos pecados e erros para nos imputá-los no dia do juízo, teremos dificuldades em nos aproximar dele com outro sentimento que não seja o de medo. Se essas imagens predominam em nossa mente, elas impedem de dirigir-nos livremente a Deus em oração como seus filhos.

Jesus proclamou uma imagem diferente de Deus: Deus como Pai amoroso. Jesus dizia aos seus seguidores que Deus é como o pai do filho pródigo. Mesmo que o filho tivesse realmente dito a seu pai: "Não posso esperar que você morra; dá-me a minha herança agora", o pai nunca renegou o filho, nunca o afastou do seu coração. Apesar de o filho ter ido para longe e desperdiçado a herança em prazeres pecaminosos, o pai ansiava pela volta dele, perscrutando o horizonte no telhado da casa, até o dia em que viu o filho se aproximando a distância. Ao ver o filho, o pai "encheu-se de compaixão, correu e lançou-se-lhe ao pescoço, cobrindo-o de beijos" (Lucas 15,20). Essa é a imagem que Jesus nos deu de Deus: o Pai cheio de compaixão, o Pai que corre até nós, o pai que nos abraça e nos beija, mesmo que tenhamos pecado, mesmo que o mau cheiro do pecado ainda nos impregne, mesmo que nos sintamos totalmente indignos de ser uma filha ou um filho desse Pai.

Todavia, apesar de saber que Jesus nos revelou Deus como Pai amoroso, podemos hesitar em aceitá-lo como nosso Pai. Mesmo fazendo um esforço consciente para nos relacionar com Deus como nosso Pai, podemos ficar paralisados por causa de sentimentos de culpa.

Sentimentos de Culpa

Muitos de nós temos consciência das nossas imperfeições e supomos que os outros também tenham consciência das suas. Conhecemos os nossos erros e as nossas fraquezas; conhecemos o sofrimento que causamos aos outros, intencionalmente ou não. Embora possamos ocultar as nossas inseguranças diante de outras pessoas, não podemos escondê-las de Deus. Quando entramos na presença de Deus, levamos as nossas culpas conosco. Sentimo-nos constrangidos na sua presença, sabendo que ele conhece cada pecado e cada defeito nosso. Sentimos vergonha e ansiamos por algum lugar onde nos esconder.

Entretanto, esses sentimentos se opõem ao que Jesus nos ensinou sobre o amor do seu Pai por nós. Um pai e uma mãe sabem que os filhos são fracos; é por isso que eles precisam do amor dos pais. Se os filhos fossem perfeitos e auto-suficientes em todos os sentidos, um aspecto da função dos pais estaria concluído. Mas uma mãe e um pai amam cada um dos filhos, mesmo nas suas necessidades específicas. Jesus nos disse que Deus nosso Pai não nos ama menos em nossas necessidades e fraquezas pessoais — e na verdade nos ama muito mais do que amamos os nossos próprios filhos: "Ora, se vós que sois maus sabeis dar boas dádivas aos vossos filhos, quanto mais o vosso Pai que está nos céus dará coisas boas aos que lhe pedem!" (Mateus, 7,11).

Jesus aceita a nossa condição de pecadores como um fato. Ele nos trata da mesma maneira como tratou a mulher surpreendida em adultério. Ele não disse que ela não havia pecado, e sim: "Nem eu te condeno. Vai, e de agora em diante não peques mais" (João 8,11).

Jesus reafirmou muitas vezes que, apesar de sermos pecadores, o Pai nos ama. Temos dificuldade em aceitar essas duas verdades ao mesmo tempo: somos pecadores, e apesar disso Deus, nosso pai, nos ama. Essa é a revelação que Jesus veio trazer, uma revelação que ele confirmou com seu próprio sangue: "Mas Deus demonstra seu amor para conosco pelo fato de Cristo ter morrido por nós quando éramos ainda pecadores" (Romanos 5,8).

O pai do filho pródigo não se deixou influenciar pelos pecados do filho, mas lhe ofereceu um perdão ainda maior do que ele lhe pedia. O pai não deixou que o filho se remoesse em sentimentos de culpa por ter pecado contra o céu e contra ele; muito pelo contrário, ofereceu uma grande festa para todos. Realmente, se entramos na presença do nosso Pai celeste com arrependimento, não precisamos sentir-nos culpados.

Assim, é como filhos que devemos nos aproximar do nosso Pai celeste em oração. É como filhos que aceitamos o seu amor por nós e falamos com ele como nosso Pai. É como filhos que aceitamos o seu perdão e nos rejubilamos por poder estar na sua presença.

Para Refletir
- *Desisto da intimidade com Deus porque sei que sou indigno de entrar na sua presença?*
- *Acredito que apesar disso Deus me convida a apresentar-me diante dele como seu filho amado?*

Oração Introdutória
Senhor Jesus, queres tomar-me pela mão e levar-me até o teu Pai. Queres que eu saiba que sou filho de Deus e que me alegre em minha adoção. Obrigado por me conduzires à presença do Pai.

4

Rezando de Modo Simples e Direto

Nas vossas orações não useis de vãs repetições, como os gentios, porque imaginam que é pelo palavreado excessivo que serão ouvidos. Não sejais como eles, porque o vosso Pai sabe do que tendes necessidade antes de lho pedirdes.
Portanto, orai desta maneira:
   Pai nosso que estás nos céus,
      santificado seja o teu nome.
   Venha o teu reino,
   seja feita a tua vontade,
      assim na terra como no céu.
   O pão nosso de cada dia dá-nos hoje.
   E perdoa-nos as nossas dívidas
      assim como nós perdoamos aos nossos devedores.
   E não nos deixes cair em tentação,
      mas livra-nos do mal.

Mateus 6,7-13

Por sermos filhos de Deus, a nossa conversa com nosso Pai deve ter algumas qualidades. Essas qualidades não são regras a ser seguidas na oração, mas características que devem fluir naturalmente da nossa relação básica com Deus. Como somos filhos de Deus, seus filhos e filhas muito amados, as nossas orações podem ser simples e confiantes, porém marcadas pela determinação e pela obediência. Vejamos primeiro a qualidade da simplicidade.

É impressionante como a oração que Jesus ensinou aos seus seguidores é curta e simples. Muito poucos Salmos são mais breves do que a Oração do Senhor; quase todos eles são bem mais longos. A forma simples e direta com que a Oração do Senhor se dirige a Deus difere da maneira um tanto elaborada das invocações em algumas orações judaicas. Uma oração judaica popular na época de Jesus começava: "Senhor Deus de Abraão, Deus de Isaac, Deus de Jacó; Deus Altíssimo, Criador do céu e da terra; nosso Escudo e Escudo dos nossos pais".

Em contraste, Jesus ensinava seus seguidores a se dirigirem a Deus como Pai simplesmente, e essa maneira direta e simples continuava no restante da oração. Não havia necessidade de nenhuma preparação especial — nenhum ritual preliminar de purificação, nenhum incenso, nenhuma vestimenta específica para rezar. Jesus ensinou seus discípulos a se aproximarem de Deus diretamente, como um filho ou uma filha se aproxima do próprio pai.

Jesus ensinou seus seguidores a rezarem a Deus como ele rezava a seu pai, e Jesus rezava de modo direto e simples. As orações de Jesus nos Evangelhos têm uma simplicidade que lhes é peculiar — inclusive a longa oração que constitui o capítulo 17 do Evangelho de João. Não encontramos nenhum circunlóquio confuso nas orações de Jesus: "Eu te louvo, ó Pai, Senhor do céu e da terra, porque ocultaste estas coisas aos sábios e doutores e as revelaste aos pequeninos" (Mateus

11,25). "Pai, em tuas mãos entrego o meu espírito" (Lucas, 23,46). A oração digna da atenção de Deus não precisa ser longa e prolixa, nem uma lista detalhada de um número estabelecido de petições.

As orações de Jesus eram diretas porque ele rezava a seu Pai. É por isso que nós também podemos rezar com simplicidade: rezamos ao nosso Pai. Podemos recorrer ao entendimento que temos da paternidade terrena para compreender a paternidade de Deus e as nossas orações como filhos adotivos. Como filhos e filhas se aproximam do pai ou da mãe? Como o amor de uns pelos outros se expressa nas conversas de todos os dias?

O Pedido de um Filho

Esperamos que os filhos respeitem seus pais. Um filho deve honrar seu pai; uma filha deve ter consideração por sua mãe. É desrespeitoso um filho tratar os pais como iguais, ser irreverente com a mãe ou com o pai.

Ao mesmo tempo, não esperamos que um filho permaneça em muda reverência na presença dos pais. Deve haver um intercâmbio livre e informal entre eles; um filho deve se sentir à vontade e amado diante do pai e da mãe. Um filho deve ser capaz de mostrar gratidão pelas coisas boas que os pais lhe propiciam, o que normalmente é feito mais através de abraços e sorrisos do que de manifestações formais de agradecimento. Um filho deve poder pedir as coisas que necessita, mas pedir com simplicidade. Seria estranho um filho dizer a seu pai: "Ó pai generoso e benevolente, dignai-vos ouvir o meu humilde pedido de uma bola nova de futebol, porque, verdadeiramente, a minha bola velha abriu nas costuras". O que esperamos é que ele diga: "Pai, o senhor não me conseguiria uma bola de futebol nova? A minha velha está toda rasgada".

Jesus nos ensina a aproximar-nos do seu Pai da mesma forma respeitosa, simples e direta. Não é necessário multiplicarmos palavras indefinidamente; Deus conhece as nossas necessidades. Também não é preciso expressar as nossas orações numa linguagem formal artificial; nosso Pai celeste conhece o nosso coração. Quando nos dirigimos a Deus em oração, podemos rezar de uma maneira bem simples: "Pai nosso que estás no céu, santificado seja o teu nome..."

Todas as nossas orações podem ter a mesma forma direta da Oração do Senhor. Podemos expressar a nossa tristeza quando estamos tristes, a nossa alegria quando estamos alegres, o nosso arrependimento quando estamos arrependidos. A nossa oração deve expressar os verdadeiros pensamentos da nossa mente e os sentimentos do nosso coração. Não devemos nos esconder atrás de uma elaborada construção de palavras, na crença enganosa de que elas são mais agradáveis a Deus. Devemos rezar com palavras naturais e expressar realmente o que pensamos e como sentimos. Nossas orações não são menos respeitosas por ser simples e honestas.

Jesus, um de nós

Jesus permitiu e incentivou um contato simples e direto com ele. O Filho de Deus não veio a nós com o esplendor e a pompa de um rei, embora essas honras lhe fossem devidas. A sua glória se revelou uma vez, durante a transfiguração na montanha, mas ao descerem da montanha ele ordenou aos apóstolos que não dissessem nada sobre o que haviam visto até que ele ressuscitasse (Mateus 17,9). A aparência normal de Jesus era a de um homem comum, e aqueles que o conheciam falavam com ele como falavam com qualquer outro homem.

Quem não tinha fé em Jesus, incluindo os que eram da sua própria aldeia, ficavam desconcertados ao ver uma pessoa de aparência tão comum fazer o que Jesus fazia: "De onde lhe vêm essa sabedoria e esses milagres? Não é ele o filho do carpinteiro?" (Mateus 13,54-55). Alguns dos seus parentes não o aceitavam senão como uma pessoa comum, e "saíram para detê-lo, porque diziam: 'Enlouqueceu'" (Marcos 3,21). Os que o viam com os olhos da fé se aproximavam com respeito e amizade, mas ainda assim falavam com ele de maneira direta e simples. Pedro chegou até a reagir ao anúncio de Jesus de que seria morto, dizendo-lhe que isso nunca aconteceria (Mateus 16,22).

Mesmo depois da ressurreição, o corpo glorificado de Jesus não aparecia em toda sua luz e esplendor. Maria Madalena, que certamente conhecia Jesus bem, confundiu-o com um jardineiro (João 20,15). Jesus caminhou vários quilômetros com dois discípulos na estrada para Emaús; eles o consideraram um estranho, até que o reconheceram quando partiu o pão (Lucas 24,35). Jesus revelou-se aos apóstolos assando peixes para eles (João 21,9-13). Comum, muito comum!

As Palavras Certas

Do mesmo modo que permitia que seus amigos se aproximassem dele com facilidade, assim também Jesus os ensinava a se dirigirem ao Pai de maneira simples e direta. Ele procurava incutir-lhes confiança, confiança de que ao se dirigirem ao Pai em oração, ele os ouviria.

Jesus dizia aos seus seguidores que eles seriam arrastados perante reis e tribunais de justiça por amor a ele, Jesus, uma perspectiva que normalmente causaria terror a pessoas simples e sem cultura. Mas também lhes dizia que não se preocupassem quando isso acontecesse: "Quando vos entregarem, não fiqueis preocupados em saber como ou o que haveis de falar. Naquele momento vos será indicado o que deveis falar, porque não sereis vós que estareis falando, mas o Espírito do vosso Pai é o que falará em vós" (Mateus 10,19-20).

Se os seguidores de Jesus podem falar com confiança diante de reis, com confiança muito maior podemos falar ao nosso Pai! Se o Espírito Santo nos inspira a prestar testemunho aos que são hostis, muito mais ele nos inspirará a rezar a Deus que nos ama! Se podemos falar com convicção nos tribunais de justiça, com muito mais confiança podemos nos aproximar de nosso Pai nas cortes celestes!

Paulo escreve: "Assim também o Espírito socorre a nossa fraqueza. Pois não sabemos o que pedir como convém; mas o próprio Espírito intercede por nós com gemidos inefáveis, e aquele que perscruta os corações sabe qual o desejo do Espírito; pois, é segundo Deus que ele intercede pelos santos" (Romanos 8,26-27).

Podemos confiar na inspiração do Espírito Santo quando nos dirigimos a Deus em oração. Podemos oferecer as nossas orações simples com confiança, sabendo que estamos rezando a um Pai que nos ama. Podemos aproximar-nos de Deus diretamente e com confiança, porque é assim que Jesus rezava e é assim que ele nos ensinou a rezar.

Para Refletir
- Eu falo com Deus de maneira simples e direta, como faz uma criança com os seus pais?
- O que me impede de manter uma intimidade maior com Deus e de me sentir mais livre na sua presença?

Oração Introdutória
Pai, concede-me a graça de me aproximar de ti como teu filho, feliz na tua presença. Envia-me o teu Espírito Santo para que eu possa unir-me contigo e com teu Filho, Jesus Cristo, e para que ele me inspire palavras de oração.

5

Rezando com Confiança

Jesus ergueu os olhos para o alto e disse: "Pai, dou-te graças porque me ouviste. Eu sabia que sempre me ouves; mas digo isso por causa da multidão que me rodeia, para que creiam que me enviaste". Tendo dito isso, gritou em alta voz: "Lázaro, vem para fora!"

João 11,41-43

Jesus rezava com confiança. Quando se dirigia ao Pai em oração, ele sabia que tudo que pedisse lhe seria concedido. Mesmo se rezasse por um grande milagre — a ressurreição de um homem — ele sabia que o Pai o ouviria.

No momento em que foi preso no Getsêmani, Jesus sabia que o Pai estava ao seu lado e atenderia sua oração. Não havia necessidade de Pedro desembainhar a espada numa tentativa inútil de proteger Jesus dos soldados. Jesus disse que se ele quisesse, poderia "apelar para o meu Pai, para que ele pusesse à minha disposição, agora mesmo, mais de doze legiões de anjos" (Mateus 26,53).

Jesus orientou seus seguidores a rezar com a mesma confiança, a recorrer a Deus com uma fé firme e inabalável:

Tende fé em Deus. Em verdade vos digo, se alguém disser a este monte: Ergue-te e lança-te ao mar, e não duvidar no coração, mas crer que o que diz se realiza, assim lhe acontecerá. Por isso vos digo: tudo quanto suplicardes e pedirdes, crede que recebestes, e assim será para vós (Marcos 11,22-24).

Essas palavras são perturbadoras, porque Jesus parece ter prometido demais. Ele não distinguiu entre coisas pelas quais podemos rezar e coisas pelas quais não podemos rezar; ele não comprometeu sua promessa dizendo que as nossas orações seriam invariavelmente atendidas. O que ele disse foi: "Tudo é possível para aquele que crê" (Marcos 9,23). Ele disse aos seus seguidores: "E o que pedirdes em meu nome, eu o farei" (João 14,13). Ele lhes prometeu: "Se permanecerdes em mim e minhas palavras permanecerem em vós, pedi o que quiserdes e vós o tereis... a fim de que tudo o que pedirdes ao Pai em meu nome ele vos dê (João 15,7, 16). Como devemos entender promessas tão amplas?

Rezando com Fé

Jesus pôs uma condição nessas promessas: devemos rezar com fé. "E tudo o que pedirdes com fé, em oração, vós o recebereis" (Mateus 21,22). Mesmo uma fé modesta pode operar maravilhas: "Se tivésseis fé como um grão de mostarda, diríeis a esta amoreira: 'Arranca-te e replanta-te no mar', e ela vos obedeceria" (Lucas 17,6). A falta de fé bloqueia a oração eficaz: a presença da fé torna as coisas possíveis. Quando os discípulos perguntaram a Jesus por que não conseguiam expulsar um demônio, Jesus respondeu: "Por causa da fraqueza da vossa fé, pois em verdade vos digo: se tiverdes fé como um grão de mostarda, direis a este monte: transporta-te daqui para lá, e ele se transportará, e nada vos será impossível" (Mateus 17,20).

A carta de Tiago repete a necessidade da fé. Quando nos dirigimos a Deus com um pedido, devemos "pedir com fé, sem duvidar, porque aquele que duvida é semelhante às ondas do mar, impelidas e agitadas pelo vento. Não pense tal homem que vai receber alguma coisa do Senhor" (1,6-7).

Essas são promessas com duas facetas. Elas nos convidam a crescer na fé e ao mesmo tempo revelam a pouca fé que temos. Elas nos impelem a vencer as nossas incertezas, mas deixam evidente o grande número de dúvidas que abrigamos e a ineficácia da nossa fé em superá-las.

É um equívoco, porém, ver a nossa fé como se ela fosse apenas uma qualidade nossa, uma medida da nossa força e determinação interiores. É um erro perceber as nossas dúvidas e querer extirpá-las com um simples ato de vontade. O que precisamos é voltar-nos para a base da nossa fé: a revelação de Deus que veio a nós em Jesus Cristo. Precisamos vencer as nossas dúvidas, não insistindo nelas, mas prestando atenção ao que Jesus nos disse sobre o seu Pai.

Fé no Amor do Pai

Jesus revelou que Deus é nosso Pai. A base da nossa oração com fé não é uma força mágica que existe dentro de nós; antes, como Deus é nosso Pai, podemos dirigir-nos a ele com confiança. Jesus rezava ao seu Pai com confiança total; ele nos ensinou a rezar da mesma maneira.

Quando rezamos a Deus, rezamos a um Pai que já conhece as nossas necessidades e nos ama:

> Por isso vos digo: Não vos preocupeis com a vossa vida, quanto ao que haveis de comer, nem com o vosso corpo, quanto ao que haveis de vestir. Não é a vida mais do que o alimento e o corpo mais que a roupa? Olhai as aves do céu: não semeiam, nem colhem, nem ajuntam em celeiros. E, no entanto, vosso Pai celeste as alimenta. Ora, não valeis vós mais do que elas? ... Por isso, não andeis preocupados, dizendo: Que iremos comer? Ou, que iremos beber? Ou, que iremos vestir? De fato, são os gentios que estão à procura de tudo isso: o vosso Pai celeste sabe que tendes necessidade de todas essas coisas (Mateus 6,25-26, 31-32).

Nosso Pai cuida das aves do céu e das flores do campo; nem um único pardal cai em terra sem que o Pai saiba (Mateus 10,29). Nós somos os seus filhos, e ele cuida de nós mais do que de todos os pardais do mundo. É porque Deus nos ama como Pai e se preocupa com as nossas necessidades que podemos rezar a ele com confiança e simplicidade. "O vosso Pai sabe do que tendes necessidade antes de lho pedirdes" (Mateus 6,8).

O amor de Deus por nós vai muito além da mera satisfação das nossas necessidades mínimas de sobrevivência física. "Não tenhais medo, pequenino rebanho, pois foi do agrado do vosso Pai dar-vos o reino" (Lucas 12,32). Essa promessa contém em si algo como uma espécie de humor. O grupo de pescadores, donas de casa e servidores públicos subalternos que acompanhavam Jesus não nos impressionam como material com que se constroem reinos. No entanto, foi a esse populacho que Jesus prometeu o reino de Deus. Sem dúvida, as dádivas de Deus não são limitadas pela posição social ou pelos méritos daqueles a quem ele as oferece.

A Dádiva do Pai

Jesus revelou que Deus é um Pai amoroso; essa é a base da nossa confiança na oração. Podemos rezar com fé porque rezamos ao nosso Pai celeste. Na verdade, a fé é uma das dádivas do Pai para nós!

> Pedi e vos será dado; buscai e achareis; batei e vos será aberto; pois todo o que pede, recebe; o que busca acha e ao que bate se lhe abrirá. Quem dentre vós dará uma pedra a seu filho, se este lhe pedir pão? Ou lhe dará uma cobra, se este lhe pedir peixe? Ora, se vós que sois maus sabeis dar boas dádivas aos vossos filhos, quanto mais o vosso Pai que está nos céus dará coisas boas aos que lhe pedem! (Mateus 7,7-11).

Quando rezamos com fé, rezamos como crianças, não como super-homens ou supermulheres espirituais. Recorremos a Deus com confiança, não porque temos alguma qualidade interior, mas porque Deus é um Pai que dá bons presentes. Nossa confiança não está em nós mesmos, na nossa fé ou na nossa oração; nossa confiança está no amor ilimitado do Pai por nós. Nós sabemos como amamos os nossos filhos, apesar das nossas fraquezas e dos nossos pecados; Jesus nos ensinou que o amor de Deus por seus filhos é infinitamente maior.

Como respondemos aos pedidos dos nossos filhos? É claro que não lhes damos tudo o que pedem. Se um menino de oito anos quer um barco de corrida de trinta pés para o Natal, mesmo um pai abastado negará esse pedido, sabendo que por mais atraente que um barco possa ser para o filho, esse não seria um presente seguro para ele. Por outro lado, um pai fará tudo o que estiver ao seu alcance para satisfazer uma necessidade real do filho. Se um filho é atropelado por um carro, a mãe correrá imediatamente para o pronto-socorro para ficar ao lado da criança. Se o ferimento exigir tratamento médico muito caro, nenhum sacrifício será grande demais; o pai hipotecará a casa de bom grado ou procurará um segundo emprego para conseguir o dinheiro.

O amor de Deus por nós é o amor de um pai. Nem sempre conseguimos entender por que Deus nos concede algumas coisas e nos nega outras, mas podemos ter confiança de que as escolhas de Deus são feitas com base no seu amor paterno por nós, do mesmo modo como cuidamos amorosamente dos nossos filhos.

Um pai providencia não apenas o essencial, mas também os supérfluos — presentes que darão alegria ao filho. E, o que é mais importante, um pai dá amor; mesmo presentes caros, se dados sem amor, são vazios. O amor de Deus por nós é um amor de Pai — e está além do amor de um pai humano porque Deus é *o* Pai. É dessa perspectiva que podemos compreender as promessas de Jesus de que as nossas orações serão atendidas. Porque Deus nos ama como nosso Pai, "esta é a confiança que temos nele: se lhe pedimos alguma coisa segundo a sua vontade, ele nos ouve" (1 João 5,14). Por isso, podemos rezar a ele com confiança e paz. É por esse motivo que Paulo podia escrever aos Filipenses: "Não vos inquieteis com nada; mas apresentai a Deus todas as vossas necessidades pela oração e pela súplica, em ação de graças. Então a paz de Deus, que excede toda compreensão, guardará os vossos corações e pensamentos, em Cristo Jesus" (Filipenses 4,6-7).

Para Refletir
- *Como sinto o zelo paternal de Deus?*
- *Acredito que ele cuida de mim ainda mais do que o mais amoroso dos pais humanos cuida do seu filho?*

Oração Introdutória
Obrigado, meu Pai do céu, por me amar muito mais do que eu mereço ou mesmo imagino. Ensina-me a confiar no teu amor e a entregar-me aos teus cuidados como meu Pai.

6

Um Tempo e um Lugar para Rezar

De madrugada, estando ainda escuro, ele [Jesus] se levantou e retirou-se para um lugar deserto e ali orava. Simão e os seus companheiros o procuravam ansiosos e, quando o acharam, disseram-lhe: "Todos te procuram".

Marcos 1,35-37

Os Evangelhos nos dizem que Jesus passava regularmente um tempo com seu Pai em oração. Não deveria surpreender-nos que um filho falasse com freqüência com seu pai. Entretanto, o que nos impressiona nos relatos do Evangelho sobre a oração de Jesus é a dificuldade que ele enfrentava para encontrar o momento e o lugar para rezar e a sua determinação em vencer esses obstáculos.

Encontramos Jesus em oração em todos os momentos importantes da sua vida. Na passagem de Lucas em que Jesus é batizado por João lemos: "Ora, tendo o povo recebido o batismo, e no momento em que Jesus, também batizado, achava-se em oração, o céu se abriu e o Espírito Santo desceu sobre ele em forma corporal, como pomba. E do céu veio uma voz: 'Tu és o meu filho bem-amado; eu, hoje, te gerei!'" (Lucas 3,21-22). Esse evento assinalou o início do ministério público de Jesus, embora ele não se pusesse imediatamente a pregar a sua boa-nova ou a chamar seguidores. Antes ele foi ao deserto, onde permaneceu durante quarenta dias orando e jejuando.

Foi em oração que ele escolheu os doze apóstolos: "Naqueles dias, ele foi à montanha para orar e passou a noite inteira em oração a Deus. Depois que amanheceu, chamou os discípulos e dentre eles escolheu doze, aos quais deu o nome de apóstolos" (Lucas 6,12-13). Foi enquanto rezava na montanha que Jesus foi transfigurado: "Enquanto orava, o aspecto do seu rosto se alterou, suas vestes tornaram-se de fulgurante brancura" (Lucas 9,29). Foi em oração que contemplou e aceitou a morte para nos salvar (Mateus 26,36-46).

Não obstante, apesar da importância que Jesus dava à oração, não foi fácil para ele rezar conforme era seu desejo. Ele precisou vencer muitos obstáculos para rezar — obstáculos que surgiam do estilo de vida que a sua missão exigia.

A Afluência das Multidões

Jesus atraía multidões aonde quer que fosse. Certa vez, as pessoas eram tantas, que um homem paralítico carregado numa maca, não podendo ser levado à presença de Jesus na casa onde ele ensinava, teve de ser introduzido por uma abertura feita no telhado (Lucas 5,17-26). Às vezes as multidões eram tão numerosas que alimentá-las se tornava um problema (Lucas 9,12-17). As multidões constituem um pano de fundo constante do ministério público de Jesus, multidões que buscavam os seus ensinamentos, multidões que o procuravam com suas necessidades. "E voltou para casa. E de novo a multidão se apinhou, a ponto de não poderem se alimentar" (Marcos 3,20).

Quando Jesus e os apóstolos queriam ficar a sós, eles precisavam sair às escondidas — uma tática que nem sempre dava certo:

> Ele disse: "Vinde vós, sozinhos, a um lugar deserto e descansai um pouco". Com efeito, os que chegavam e os que partiam eram tantos que não tinham tempo nem de comer. E foram de barco a um lugar deserto, afastado. Muitos, porém, os viram partir e, sabendo disso, a pé, de todas as cidades, correram para lá e chegaram antes deles. Assim que ele desembarcou, viu uma grande multidão e ficou tomado de compaixão por eles, pois estavam como ovelhas sem pastor. E começou a ensinar-lhes muitas coisas (Marcos 6,31-34).

Um estilo de vida assim dificilmente poderia facilitar a oração. A idéia que fazemos de uma vida orientada para a oração é de uma vida em ritmo lento, com horários regulares, silêncio e solidão. Bem ao contrário, a vida de Jesus se parecia com a de um candidato a presidente em plena campanha: sempre à vista do público, sempre envolvido pelo clamor popular, sempre viajando de um lugar para outro: "O Filho do Homem não tem onde reclinar a cabeça" (Lucas 9,58).

Apesar disso, Jesus reservava algum tempo à oração. "... e acorriam numerosas multidões para ouvi-lo e serem curadas de suas enfermidades. Ele, porém, permanecia retirado em lugares desertos e orava" (Lucas 5,15-16). Às vezes, ele mandava os apóstolos e a multidão seguirem antes dele enquanto ele subia à montanha para rezar (Marcos 6,45-46). Outras vezes, ele ficava acordado, rezando até tarde da noite — ou mesmo a noite inteira (Lucas 6,12). Outras vezes ainda, levanta-se muito cedo: "De madrugada, estando ainda escuro, ele se levantou e retirou-se para um lugar deserto e ali orava" (Marcos 1,35).

Jesus tinha a mesma dificuldade que nós temos de encontrar um momento para rezar. Ele não era um super-homem do século primeiro — capaz de trabalhar e pregar sem comer ou dormir, assim como nós também não conseguimos. A nossa crença na divindade de Jesus Cristo não deve deixar-nos cegos com relação à sua humanidade plena. Ele passou fome, assim como nós; ele sentiu as pedras do caminho que suas sandálias pisavam. Quando Jesus e os discípulos foram da Judéia para a Galiléia — uma distância de aproximadamente 110 quilômetros — ele ficou "fatigado da caminhada" (João 4,6). Ele pediu à samaritana que chegou para tirar água que lhe desse água, porque estava realmente com sede, assim como nós ficamos com sede depois de uma longa caminhada num dia quente. Se Jesus podia dormir durante uma tempestade no mar (Lucas 8,23), ele podia conhecer de fato a fadiga que, às vezes, nos faz cair exaustos na cama.

Por isso, quando passava a noite inteira em oração, Jesus precisava sacrificar o sono e lutar contra o cansaço, como acontece conosco. Quando Jesus se levantava de madrugada para rezar, isso exigia dele uma decisão, a determinação de reservar um tempo para comunicar-se com o Pai. Jesus não tinha pecado e desfrutava de uma união íntima com o Pai — embora fosse plena e verdadeiramente homem. "E o Verbo se fez carne" (João 1,14), nossa carne, sujeito ao cansaço "provado em tudo como nós" (Hebreus 4,15).

Encontrando um Tempo e um Lugar

Jesus pode ensinar-nos a rezar e a vida de oração dele pode servir-nos de estímulo. Se nós precisamos enfrentar horários irregulares e exigências da vida familiar, Jesus se deparava com situações ainda mais complicadas. Se o ritmo da vida moderna é acelerado demais para que nos permitamos o luxo da oração, o ministério público de Jesus não era menos agitado. Se temos dificuldade de encontrar um lugar tranqüilo onde ficar a sós com Deus, com Jesus acontecia a mesma coisa. Se o nosso trabalho exige excessivamente de nós, o ministério de Jesus não exigia menos dele.

Para muitos de nós, um dos maiores obstáculos à oração é simplesmente encontrar um tempo. Talvez devamos aceitar que não existe um tempo perfeito em nosso dia para dedicá-lo à oração, e por isso seja preciso definir um momento específico. Essa decisão pode significar levantar vinte minutos mais cedo de manhã e dedicar à oração o tempo de sossego que antecede o café da manhã. Pode significar aproveitar a tranqüilidade da casa depois que os filhos foram para a escola para um tempo a sós com Deus. Pode significar descobrir um lugar de quietude durante a hora do almoço. O ideal seria dispor de um horário regular para oração em nossa programação diária.

Talvez seja difícil estabelecer uma determinada hora e fixar-nos nela, mas está claro que Jesus nos estimulou a nos comprometermos com a oração com disposição inabalável. Suas parábolas sobre a persistência na oração não se referem à lentidão de Deus em ouvir as nossas preces, mas à nossa necessidade de perseverança. Jesus contou a história de um homem que recebeu uma visita inesperada e precisou pedir emprestado três pães de um vizinho que já estava dormindo. Essa parábola está no contexto em que Jesus ensina seus seguidores a rezar O Pai-Nosso a um Deus que tem pressa de Pai para responder às suas preces (Lucas 11,1-13). A mensagem dessa parábola é que devemos ser persistentes na oração, do mesmo modo que o homem foi persistente em bater à porta e pedir pão. A parábola da viúva que implorava a um juiz iníquo (Lucas 18,1-8) nos ensina a "necessidade de orar sempre, sem jamais esmorecer" (Lucas 18,1). Jesus contrastou a justiça generosa de Deus com a ação relutante desse juiz, mas também exortou à persistência e à determinação na oração.

Assumindo um Compromisso

Não precisamos enfastiar a relutância de Deus em nos ouvir com pedidos intermináveis; Jesus afirmou que só os que não conhecem Deus como seu Pai é que fazem isso (ver Mateus 6,7-8). Jesus ensinou que o nosso Pai conhece as nossas necessidades mesmo antes de pedirmos, e por isso não precisamos multiplicar palavras. De qualquer modo, precisamos assumir um compromisso firme com a oração; precisamos ser constantes na oração; precisamos ser determinados em orar a despeito de todos os obstáculos que possamos encontrar.

O exemplo de Jesus deve também renovar a nossa confiança. Não devemos nos sentir culpados se o nosso horário de oração é irregular — se o nosso dia é tomado por centenas de afazeres, se a nossa programação é prejudicada por engarrafamentos no trânsito, se as distrações tomam nossa mente de assalto. Jesus sabe que a nossa vida não é a de um eremita. Ele compreenderá as nossas falhas se fizermos o melhor possível para encontrar um momento dedicado à oração com a mesma determinação com que ele se propôs a achar tempo para estar com seu Pai.

Para Refletir
- *Até que ponto sou fiel à minha oração diária?*
- *Qual é o melhor período do dia em que posso reservar alguns momentos para ficar a sós com Deus?*

Oração Introdutória
Pai, tu conheces as minhas boas intenções — e como não consigo realizá-las. Concede-me a graça de manter-me firme em minha determinação de passar algum tempo contigo em oração todos os dias.

7

A Oração Verdadeiramente Importante

Nem todo aquele que me diz "Senhor, Senhor" entrará no reino dos céus, mas sim aquele que pratica a vontade de meu Pai que está nos céus.

Mateus 7,21

A complexidade dos tempos que vivemos muitas vezes leva à compartimentalização da nossa vida. Passamos de um papel para outro, quase de uma identidade para outra, no decorrer de um único dia. Quantos empregados que sofrem há muito tempo no emprego se tornam um marido ou mulher implicante em casa?

Podemos criar o hábito de tornar a oração um dos compartimentos da nossa vida. Passamos momentos tranqüilos em comunhão com Deus, talvez até comunicando-nos com ele fervorosamente. Mas terminado esse momento, voltamos à nossa vida comum, caindo presas das tentações de sempre, colocando a nós mesmos e os nossos interesses acima de tudo.

Jesus nos advertiu que nenhuma súplica a Deus como Senhor substituirá o cumprimento da vontade de Deus em nossa vida. A oração deve dispor-nos à obediência, e não dispensar-nos dela. Sabemos disso, mas ainda assim nos surpreendemos falhando. O que devemos fazer?

Como em cada aspecto da oração, podemos ver o exemplo de Jesus e tentar aprender com ele. Também aqui Jesus tem muito a nos ensinar. A relação de Jesus com seu Pai não consistia meramente em reconhecê-lo em oração várias vezes durante o dia. Jesus era o Filho de Deus em tudo o que fazia e em tudo o que dizia, em todas as horas do dia.

O Evangelho de João ressalta a relação de Jesus com Deus como seu Pai. Um dos temas de João é que Deus enviou Jesus ao mundo. Jesus não afirmava que agia por sua própria iniciativa ou autoridade, mas sustentava que fora enviado por Deus com uma missão a cumprir: "Não vim por minha própria vontade" (João 7,28). Jesus afirmava ter uma ligação íntima com seu Pai (João 16,32). Jesus se proclamou Filho de Deus (João 10,36). Ele inclusive afirmou corajosamente: "O Pai e eu somos um" (João 10,30). Ele baseou sua autoridade no seu relacionamento com o Pai; ele justificava sua missão dizendo que ela lhe fora entregue por Deus.

Portanto, a mensagem que Jesus proclamou ao mundo não era uma mensagem dele, mas do seu Pai: "Minha doutrina não é minha, mas daquele que me enviou" (João 7,16). "Porque não falei por mim mesmo, mas o Pai, que me enviou, me prescreveu o que dizer e o que falar... O que falo, portanto, eu o falo como o Pai me disse" (João 12,49-50).

Do mesmo modo, as ações de Jesus eram realizadas em nome do Pai. Elas eram "as obras que o Pai me encarregou de consumar" (João 5,36). Jesus não reivindicou os créditos pelos sinais que realizou; eles eram obras do seu Pai. Ele zelava pelos negócios do Pai, mesmo que isso significasse perder uma refeição: "Meu alimento é fazer a vontade daquele que me enviou e consumar a sua obra" (João 4,34). Jesus tinha urgência em realizar a missão do Pai (ver João 9,4).

Jesus admitia que não podia fazer nada por si mesmo: "Em verdade, em verdade, vos digo: o Filho, por si mesmo, nada pode fazer, mas só aquilo que vê o Pai fazer; tudo o que este faz o Filho o faz igualmente. Porque o Pai ama o Filho e lhe mostra tudo o que faz" (João 5,19-20; ver também João 8,28-29).

A Vontade do Pai

Jesus fazia a vontade do Pai em todas as coisas: "Pois desci do céu não para fazer a minha vontade, mas a vontade daquele que me enviou" (João 6,38). Embora ele e o Pai estivessem unidos pelos mais fortes laços de amor, Jesus via a si mesmo como servo do Pai, sujeito à vontade do Pai. Ele inclusive se considerava subordinado aos mandamentos de Deus (João 15,10).

As orações de Jesus expressavam essa relação básica com o Pai. Era através da oração que Jesus ficava conhecendo a vontade do Pai e assumia o compromisso de realizar essa vontade. Era através da oração que Jesus meditava sobre a mensagem do Pai que ele devia proclamar ao mundo. Era através da oração que Jesus identificava as obras do Pai que ele devia executar.

Se as orações de Jesus não tivessem produzido fruto em sua vida, ele não teria sido o Filho perfeito do Pai que foi. A sua relação com o Pai devia se materializar nas obras que ele realizou e na mensagem que proclamou; o amor do seu coração precisava ser expresso através de realizações e ações. Por mais sublimes que os momentos de oração de Jesus possam ter sido, eles eram apenas um aspecto da sua condição de filho perfeito para seu Pai.

Imitando a Filiação de Jesus

A mesma verdade se aplica a nós. Reconhecemos que Deus é nosso Pai não apenas nas nossas orações, mas em cada momento da nossa vida. Somos chamados a uma relação com Deus que abrange toda a nossa vida; as nossas orações são apenas um aspecto desse relacionamento.

Enquanto Jesus proclamava a mensagem de amor do Pai, ele também ensinava a necessidade da obediência à vontade do Pai. A mensagem aos seus seguidores durante a última refeição que teve com eles antes de sua morte encerrava uma insistência recorrente sobre a obediência: "Quem tem meus mandamentos e os guarda é que me ama; e quem me ama será amado por meu Pai" (João 14,21). Com essas palavras, Jesus estava simplesmente nos pedindo que o imitássemos na obediência ao seu Pai: "Se observais meus mandamentos, permanecereis no meu amor, como eu guardei os mandamentos de meu Pai e permaneço no seu amor" (João 15,10).

Desse modo, a relação com Deus como nosso Pai, para a qual Jesus nos convida, inclui a nossa obediência à vontade do Pai. Não podemos nos unir a Jesus em sua filiação ao Pai se não procuramos imitá-lo em sua obediência ao Pai. A família do Pai é composta por aqueles que fazem a sua vontade: "Porque aquele que fizer a vontade de meu Pai que está nos céus, esse é meu irmão, irmã e mãe" (Mateus 12,50).

Por isso, não basta simplesmente clamar a Deus em oração: "Nem todo aquele que me diz 'Senhor, Senhor' entrará no reino dos céus, mas sim aquele que pratica a vontade de meu Pai que está nos céus" (Mateus 7,21). As nossas orações não podem estar separadas da nossa vida; precisamos imitar o anseio de Jesus em obedecer e o anseio de Jesus em rezar. Jesus usou uma parábola para mostrar a importância de pôr em prática o que dizemos a Deus:

> "Que vos parece? Um homem tinha dois filhos. Dirigindo-se ao primeiro, disse: 'Filho, vai trabalhar hoje na vinha'. Ele respondeu: 'Não quero'; mas depois, reconsiderando a sua atitude, foi. Dirigindo-se ao segundo, disse a mesma coisa. Este respondeu: 'Eu irei, senhor'; mas não foi. Qual dos dois realizou a vontade do pai?" Responderam-lhe: "O primeiro" (Mateus 21,28-31).

Filhos e filhas verdadeiros de Deus não são os que dizem que têm intenção de fazer a vontade do Pai, mas não a fazem. Sem dúvida, filhos e filhas verdadeiros realizam a vontade do seu Pai — talvez depois de terem se debatido com ela em oração e resistido em aceitar o que sabem ser a vontade de Deus para eles.

A nossa oração é apenas um aspecto do nosso esforço em imitar Cristo e em seguir o caminho que ele nos preparou até o Pai. A relação com Deus que alimentamos através da oração deve produzir frutos em todas as outras áreas da nossa vida. Os pensamentos do nosso coração em oração devem ser expressos pela obediência à vontade de Deus. Nossas ações devem se tornar ações de filhos de Deus, do mesmo modo que nossas palavras se tornam palavras de filhos e filhas. Só poderemos rezar como Jesus rezava se obedecermos como Jesus obedecia.

Para Refletir
- Realizo na prática as boas intenções que tenho na oração?
- Até que ponto estou disposto a obedecer a Deus em tudo o que ele pede de mim?

Oração Introdutória
Senhor Jesus Cristo, tu és o Filho perfeito do Pai. Fortalece-me para que eu possa imitar-te e ser o filho de Deus que o teu Pai me convida a ser.

8

Em Busca do Perdão

*Perdoa-nos os nossos pecados,
  pois também nós perdoamos aos nossos devedores.*

Lucas 11,4

Jesus ensinou que o seu Pai é compassivo e clemente, ansioso para aceitar o arrependimento do pecador. Na verdade, o Pai enviou o Filho à terra justamente para trazer o perdão: "Pois Deus não enviou o seu Filho ao mundo para julgar o mundo, mas para que o mundo seja salvo por ele" (João 3,17). Deus também manda que perdoemos aos outros como ele nos perdoa. Essa ordem tem um significado particular na nossa oração.

Jesus nos ensinou a rezar: "Perdoa-nos os nossos pecados, pois também nós perdoamos aos nossos devedores" (Lucas 11,4).

O pedido de perdão na oração está ligado ao perdão a todos aqueles que precisam do nosso perdão. Depois de ensinar aos seus seguidores a oração que chamamos de Pai-Nosso, Jesus acrescentou a admoestação "Pois se perdoardes aos homens os seus delitos, também o vosso Pai celeste vos perdoará; mas se não perdoardes aos homens, o vosso Pai também não perdoará os vossos delitos" (Mateus 6,14-15). Não podemos rezar pedindo perdão se não estamos dispostos a perdoar.

Jesus enfatizou a necessidade de perdoar os outros. Esse é o detalhe da parábola sobre o servo a quem seu senhor perdoou uma grande dívida, mas que se recusou a perdoar um pequeno débito que lhe era devido (Mateus 18,23-35). Seu senhor soube da insensibilidade do servo e mandou-o para a prisão até que pagasse tudo o que devia. A parábola termina com uma advertência sombria a todos os que se recusam a perdoar como foram perdoados: "Eis como meu Pai celeste agirá convosco, se cada um de vós não perdoar, de coração, ao seu irmão" (Mateus 18,35). Jesus recomendou que o nosso perdão seja dado sem limites: "Não te digo até sete vezes, mas até setenta vezes sete" (Mateus 18,22).

Nossa disposição para perdoar é tão importante para a nossa oração que Jesus ensinou que mesmo que alguém estivesse prestes a fazer uma oferta no templo, e de repente lembrasse de algum desentendimento com um irmão, devia deixar a oferenda onde estava e ir reconciliar-se com esse irmão antes de continuar (ver Mateus 5,23-24). Quando Jesus ensinou sobre a fé e a confiança na oração, suas palavras terminavam com a orientação "E quando estiverdes orando, se tiverdes alguma coisa contra alguém, perdoai-lhe, para que também o vosso Pai que está nos céus vos perdoe as vossas ofensas" (Marcos 11,25).

Por que Jesus dava tanta importância à necessidade de perdoar os outros? Por que ele vinculou a nossa disposição de perdoar com a nossa capacidade de rezar adequadamente?

Oração a um Deus Clemente

O perdão é importante justamente porque a nossa oração não é uma mera questão de palavras e formalidades. Rezar é dirigir-nos ao nosso Pai celeste para aprofundar a nossa união com ele. Porque Deus é clemente, também nós devemos nos tornar clementes se queremos ser seus filhos.

A revelação que Jesus nos trouxe é que Deus é nosso Pai e nos ama com amor de Pai. Ele não nos revelou um Deus acusador que investiga a nossa vida em busca de provas para nos condenar. Um dia haverá um julgamento, mas nosso Pai quer, acima de tudo, encontrar arrependimento em nós, não culpa. Daí que ele oferece muitas oportunidades para arrependimento e aceita mesmo os fracos esforços do nosso coração para amá-lo.

Repetindo, é importante meditar sobre a mensagem da parábola do filho pródigo (ver Lucas 15,11-32). O pai da parábola havia sido claramente ultrajado e insultado por seu filho e, no entanto, ele continuou amando-o e esperando seu regresso. O filho só esperava ser aceito de volta como empregado, mas o pai insistiu em acolhê-lo totalmente como filho, vestindo-o com uma túnica preciosa e oferecendo uma festa para celebrar o seu retorno. Era como se o pai estivesse recebendo em casa um filho que havia sido aclamado em todo o país e recebido altas honrarias — não um filho que dissipara o dinheiro paterno numa vida dissoluta.

A mensagem de Jesus era que Deus é como esse pai. A imagem de Deus que deve predominar em nossa mente é a de um pai amoroso que está sempre pronto a perdoar, não importa o que tenhamos feito. Além disso, o perdão do Pai não é dado com relutância; é perdão total, acolhimento absoluto. Quando recuperamos o nosso juízo e voltamos para casa, nosso Pai quer nos oferecer uma festa — como o pai do filho pródigo, como o pastor que encontrou a ovelha perdida, como a mulher que encontrou o dinheiro que havia perdido. Essas três parábolas tratam da misericórdia de Deus e todas terminam com celebrações de alegria (ver Lucas 15,6-7, 9-10, 23-25, 32).

O amor de Deus não está reservado apenas àqueles que são dignos dele:

> Eu, porém, vos digo: Amai os vossos inimigos e orai pelos que vos perseguem; desse modo vos tornareis filhos do vosso Pai que está nos céus, porque ele fez nascer o sol igualmente sobre maus e bons e cair a chuva sobre justos e injustos.... Portanto, deveis ser perfeitos como o vosso Pai celeste é perfeito (Mateus 5,44-45, 48).

Deus parece culpado de amor indiscriminado. Ele parece não distinguir entre os que merecem e os que não merecem receber o brilho, entre os que merecem a chuva sobre suas plantações e os que merecem estiagem. Jesus indicou inclusive que a perfeição mesma de Deus está em amar aqueles que não merecem amor. Qualquer pessoa é capaz de amar os que retribuem o amor, mas o amor divino é para aqueles que não merecem amor (ver Mateus 5,46-48).

Perdão para Todos

Jesus quer que imitemos o seu Pai. Como filhos e filhas de Deus, também somos chamados à prática de um amor indiscriminado — amor não apenas àqueles que o merecem ou que o retribuem, mas também aos que são indignos dele, como faz nosso Pai celeste. Esse amor perdoa prontamente. Se não insistimos em que os outros recebam o nosso amor, as falhas deles não podem diminuir o nosso amor por eles. Se o nosso objetivo é amar como Deus ama, é natural perdoar como Deus perdoa: "Sede misericordiosos como vosso Pai é misericordioso ... Perdoai, e vos será perdoado" (Lucas 6,36-37).

Esse perdão pode exigir algumas mudanças de atitude de nossa parte. Precisamos estar dispostos a nos livrar dos nossos ressentimentos; precisamos estar dispostos a queimar as fichas mentais onde anotamos os erros dos outros. Se perdoamos alguma coisa a uma pessoa, precisamos esquecer o que ela disse ou fez baseada no que perdoamos.

Precisamos também levar o nosso perdão à outra pessoa. Precisamos dar o primeiro passo em direção à reconciliação, sem esperar que quem nos ofendeu venha a nós ou admita o erro antes de nós (Mateus 5,23-24). Precisamos expressar o nosso perdão aos outros de modo a não deixá-los imaginando em que situação se encontram com relação a nós. Ao perdoar, precisamos sentir o que dizemos em nossas palavras, e então relacionar-nos com o outro baseados no perdão oferecido. Precisamos fazer isso ainda que os nossos sentimentos não estejam todos sob controle. Podemos controlar mais facilmente o nosso comportamento do que os nossos sentimentos, e o nosso comportamento é o mais importante.

Perdão Significa Liberdade

Perdoar é uma experiência libertadora. Ela liberta o outro para que ele volte a se relacionar conosco amigavelmente; ela nos liberta da frustração e da hostilidade que estivemos carregando dentro de nós. Essa liberdade afeta as nossas orações. Não podemos dirigir-nos a Deus, nosso Pai, com total liberdade e desembaraço se abrigamos ressentimentos nos recessos da nossa alma. Não podemos entrar totalmente na presença de

Deus sabendo que arrastamos coisas que não queremos que nosso Pai veja.

Uma das últimas orações de Jesus a seu Pai foi uma oração de perdão. Ele a proferiu na cruz, e a proferiu em favor daqueles que o estavam levando à morte do modo mais cruel e humilhante que conheciam. Jesus rezou por eles como um advogado de defesa num julgamento: alegou ignorância da parte deles. Jesus rezou como um filho que pede um favor especial a seu pai, sabendo que a misericórdia que pedia não era algo que esses homens mereciam, mas pedindo mesmo assim. Jesus fez uma oração que expressava o perdão que ele mesmo oferecia a seus algozes: "Pai, perdoa-lhes: não sabem o que fazem" (Lucas 23,34).

Jesus nos convidou a rezar como ele rezava e a perdoar como ele perdoava. Ele nos convidou a perdoar os outros e também a rezar para que fossem perdoados por Deus. O teste definitivo para saber se perdoamos o próximo é a nossa disposição de rezar sinceramente para que ele receba a misericórdia, o perdão e as bênçãos de Deus. Rezar essa oração de perdão significa rezar como Jesus rezava.

Para Refletir
- *Estou guardando algum ressentimento?*
- *Há alguém a quem preciso perdoar?*
- *Há alguém cujo perdão preciso buscar?*

Oração Introdutória
Obrigado, Senhor Jesus, por entregar a tua vida para que eu possa ser perdoado. Concede-me a graça de perdoar como eu fui perdoado.

9

Oração pelas nossas Necessidades Diárias

O pão nosso de cada dia dá-nos hoje.

Mateus 6,11

Quase todos nós temos alguma medida de segurança financeira, pelo menos até o ponto de não precisar preocupar-nos com relação a saber de onde sairá nossa próxima refeição. Um pedaço de pão ocupa um lugar bem modesto na nossa lista de necessidades e dificilmente parece algo a se levar à atenção de Deus. Há assuntos mais importantes a tratar com Deus na oração: um parente gravemente doente, um amigo com o casamento se desintegrando, a paz no mundo; podemos rezar piedosamente pela vinda do reino de Deus. Achamos um pouco estranho rezar todos os dias por uma refeição. Quando existem tantos assuntos importantes que precisam da atenção de Deus, parece absurdo incomodá-lo com nossas necessidades triviais. Faria muito mais sentido rezar pelos que realmente passam fome em todo o mundo.

Jesus, todavia, instruiu seus seguidores a fazer esse pedido simples, e a fazê-lo todos os dias: "O pão nosso de cada dia dá-nos hoje". Como acontece com todos os aspectos da oração, a chave para compreender um pedido pelo pão de cada dia está em entendê-lo à luz da nossa relação com Deus como nosso Pai.

Dependência de Criança

Uma criança pequena depende totalmente dos pais para ser alimentada, vestida, protegida, amada, e para todas as suas demais necessidades. As crianças sabem disso, recorrendo automaticamente aos pais sempre que precisam de alguma coisa. Se rasgam a roupa, mamãe a remendará. Se quebram um brinquedo, papai o consertará. Se uma tempestade se aproxima, correm aos pais em busca de proteção. Se sentem fome, pedem alguma coisa aos pais.

Quando crescemos, aos poucos deixamos para trás essa dependência total de nossos pais. Aprendemos a cuidar de nós mesmos e atendemos às nossas necessidades. Descobrimos também que existem alguns elementos desordenados em nossa vida que nem mamãe pode remendar ou papai pode consertar.

Aprendemos bem cedo que o pão vem do supermercado ou da padaria. Ainda rezamos: "O pão nosso de cada dia dá-nos hoje", mas sabemos que quando precisamos de pão vamos ao mercado comprar mais. Sem percebermos, a oração que fazemos pode começar a perder um pouco do seu sentido.

A nossa percepção de quanto dependemos do nosso Pai celeste também pode enfraquecer, do mesmo modo como a nossa dependência dos pais terrenos desaparece gradualmente. O nosso apelo a Deus pode se tornar menos freqüente. Em períodos de extrema necessidade podemos lembrar-nos de rezar, mas nos assuntos mais simples ignoramos a Deus totalmente e contamos com nossos próprios recursos.

Podemos inclusive começar a pensar que as nossas orações fazem pouca diferença. Se a nossa vida vai bem, naturalmente é porque somos pessoas decentes e procuramos ser bons. Se temos as coisas materiais de que necessitamos, é porque mantemos um emprego estável e trabalhamos muito. A oração pode ser uma coisa boa, mas somos tentados a acreditar que ela realmente não faz tanta diferença assim.

Jesus nos ensinou outra coisa. Ele nos ensinou que por trás das leis óbvias de causa e efeito, existe um Deus que se preocupa — o Pai dele. Ele nos apresentou a seu Pai como nosso Pai, um Deus cuja providência amorosa abrange todas as leis do universo sem ser restringido por elas. O Pai de Jesus é um Pai que cuida de nós amorosamente, que sabe inclusive quantos fios de cabelo temos em nossa cabeça. Ele é um Pai que quer que recorramos a ele tanto quando temos um resfriado simples como quando temos um câncer, e que se preocupa com cada aspecto da nossa vida, sejam eles relevantes ou não. Ele é um Pai que acolhe pacientemente os nossos contínuos apelos, dia após dia, mesmo para as questões mais triviais, mesmo para o nosso pão de cada dia.

O Amor de Deus é Total

Por que precisamos pedir a Deus coisas tão pequenas, como o pão de cada dia? Todas essas orações aparentemente triviais ocultam uma verdade fundamental: O amor de Deus por nós é total, e nós somos totalmente dependentes dele. Jesus também dependia do Pai dele. Se houve alguém que tinha o poder de ser auto-suficiente, esse alguém foi Jesus Cristo —

embora ele tenha confessado: "Por mim mesmo, nada posso fazer" (João 5,30). Ele também disse que vivia pelo Pai (João 6,57). Ele demonstrava depender do Pai mesmo nos aspectos mais simples da sua vida — ao dar graças ao Pai pelo pão e pelo peixe antes de comê-los ou de dividi-los com outros (João 6,11).

Quando Jesus nos ensinou a rezar: "O pão nosso de cada dia dá-nos hoje", ele estava nos ensinando a rezar como ele mesmo rezava a seu Pai. Ele estava nos ensinando a reconhecer a nossa total dependência de Deus, uma dependência que não podemos jamais superar, assim como Jesus não superou a sua dependência do Pai. Ele estava nos ensinando que o amor do Pai se estende inclusive aos elementos aparentemente mais triviais da nossa vida. Ele estava nos ensinando a recorrer ao Pai mesmo nas nossas necessidades mais simples, assim como ele recorria ao Pai em todas as coisas. Ele estava nos ensinando a nos comportar como filhos de Deus.

O Pão de Cada Dia

O nosso pedido do pão de cada dia pode ter ainda outro significado. Na Escritura, a palavra *pão* pode ter um sentido mais amplo do que o alimento em geral. E Jesus, por sua vez, atribuiu um significado mais pleno para *alimento*:

> Enquanto isso, os discípulos rogavam-lhe: "Come, Rabi!" Ele, porém, lhes disse: "Tenho para comer um alimento que não conheceis". Os discípulos se perguntavam uns aos outros: "Por acaso alguém lhe teria trazido algo para comer?" Jesus lhes disse: "O meu alimento é fazer a vontade daquele que me enviou e consumar a sua obra" (João 4,31-34).

O que sustentava Jesus não era tanto o alimento que consumia cada dia, mas o cumprimento da vontade do seu Pai. O mesmo se aplica a nós: podemos fazer da nossa oração pelo pão de cada dia uma oração pedindo o alimento de fazer a vontade de Deus naquele dia, a dádiva de sermos capazes de servir a Deus, a bênção de ver o valor de nosso trabalho diário.

Isso não deve ser considerado como algo que ocorre naturalmente. Muitas pessoas têm dificuldade em perceber que o que fazem todos os dias é muito importante para a vinda do reino de Deus à terra. Grande parte do que fazemos é apenas o que precisamos fazer. A oração pelo pão de cada dia pode então ser uma oração para que compreendamos o significado do que devemos fazer, por mais humilde que possa ser, à luz do plano de salvação de Deus para o mundo. Isso seria o nosso verdadeiro sustento; isso nos manteria em ação ao longo do dia.

A oração pelo pão nutritivo diário da realização da vontade de Deus também pode ser uma oração para que sejamos servos de Deus em todas as situações em que nos encontrarmos. Pode ser uma oração para que Deus nos favoreça com ocasiões para servi-lo naquele dia e para que abra os nossos olhos para as oportunidades que nos oferece. Pode ser uma oração para que imitemos Jesus, cujo alimento era realizar a obra do seu Pai e nosso Pai. "Dá-nos o pão nosso de cada dia" pode incluir tudo o que precisamos nesse dia para satisfazer a nossa fome e sustentar-nos em nossa jornada até o Pai.

Para Refletir
- *Como me dou conta da minha dependência de Deus?*
- *Como expresso a minha confiança em sua preocupação amorosa para comigo?*
- *Qual é o pão que preciso hoje?*

Oração Introdutória
Obrigado, meu Pai do céu, por cuidar de mim como teu filho. Obrigado por tua preocupação com cada aspecto da minha vida, por menor que seja. Dá-me o pão de servir-te neste dia.

10

Muitos Modos de Rezar

Depois de terem cantado o hino, saíram para o monte das Oliveiras.

Marcos 14,26

Os seres humanos são criaturas de hábitos, muitas vezes de hábitos inconscientes. Depois de fazer alguma coisa várias vezes, continuamos repetindo-a sempre do mesmo modo. As nossas orações também podem assumir um padrão habitual. Podemos nos sentir tão à vontade com esse padrão, que acabamos pensando que essa é a única forma de rezar ou de poder rezar. No entanto, observando nos evangelhos como Jesus rezava, descobrimos que ele o fazia de inúmeras maneiras.

As orações de Jesus eram em geral espontâneas, apropriadas ao momento. Mas ele também recorreu a toda a sua herança judaica e rezava os Salmos. No fim da Última Ceia, "depois de terem cantado o hino, saíram para o monte das Oliveiras" (Marcos 14,26). É quase certo que esse hino era constituído pelos Salmos 113-118, recitados nas grandes celebrações e adotados para encerrar a ceia da Páscoa. Jesus rezou pelo menos partes de dois Salmos na cruz (Marcos 15,34 e Salmo 22,1; Lucas 23,46 e Salmo 31,5). Tanto as orações tradicionais como as espontâneas tinham lugar na vida de oração de Jesus e ocupam um grande espaço também na vida de oração dos seus seguidores.

Às vezes as orações de Jesus eram de louvor e júbilo, como quando os discípulos voltavam satisfeitos das suas missões (Lucas 10,21). Outras vezes eram de tristeza e angústia, como no jardim de Getsêmani (Lucas 22,39-46). Também as nossas orações às vezes serão de louvor e júbilo. Temos nas Escrituras vários modelos dessas orações, representados pelos muitos Salmos (ver Salmo 150, por exemplo) ou pelas orações de louvor do livro do Apocalipse (ver 5,9-14, por exemplo). Em outras ocasiões, as nossas preces serão de aflição: colocamo-nos na presença de Deus pedindo perdão, no espírito do Salmo 51; buscamos os caminhos de Deus, pedindo sua misericórdia, à maneira do Salmo 25.

Jesus rezava a seu Pai para que o guiasse, para que o ajudasse a agir em harmonia perfeita com a vontade de Deus. Antes de Jesus escolher os doze seguidores que seriam os seus apóstolos especiais, ele passou toda a noite em oração (Lucas 6,12-13). Às vezes a oração de Jesus era de agradecimento (Lucas 10,21). Do mesmo modo, as nossas orações devem incluir o pedido pela orientação de Deus e o agradecimento por tudo que nosso Pai tem feito por nós.

Jesus também intercedia pelos outros, especialmente por seus seguidores mais próximos. Ele recorria a seu Pai para que lhe desse o poder de curar os doentes e de ressuscitar os mortos (ver Marcos 7,34; João 11,41). Ele intercedia por seus discípulos, aqueles que o Pai colocara sob seus cuidados para que fossem mantidos em segurança depois de sua volta ao Pai (ver João 17,15). Ele rezava por Pedro, para que sua fé não cedesse às investidas de Satanás (ver Lucas 22,31-32). Assim também nós somos chamados a interceder por aqueles que estão sob nossa responsabilidade, por nossa família, por nossos amigos próximos. Quando rezamos por aqueles a quem amamos, o exemplo de Jesus deve estar diante de nós.

Rezar em Solidão
Muitas vezes, Jesus saía sozinho para rezar, levantando-se de manhã antes dos discípulos ou indo a algum lugar solitário. Esse ambiente é mais propício à reflexão sobre o mistério do plano de Deus que se manifesta em nossa vida, assim como Maria mantinha no seu coração os eventos relacionados com o nascimento do seu filho Jesus (ver Lucas 2,51). Do mesmo modo, Jesus rezava sozinho para meditar sobre a sua missão na terra. Depois de ouvir falar sobre a morte do seu precursor, João Batista, ele "partiu dali, de barco, para um lugar deserto, afastado" (Mateus 14,13), provavelmente em busca de privacidade para entrar em comunhão devota com seu Pai. A morte de João assinalava o término do estágio de preparação; agora Jesus queria ficar sozinho com seu Pai para meditar sobre sua futura missão.

Também nós necessitamos do mesmo tipo de oração. Ser cristão não é apenas obedecer a um conjunto de regras que podemos memorizar e seguir sem precisar de outras orientações. Ser cristão significa, principalmente, estabelecer uma relação pessoal com Deus. Manter e nutrir essa relação exige contato pessoal com Deus. Precisamos meditar em nosso coração sobre o mistério da sua presença em nossa vida e compreender qual é a sua vontade para nós. Essa oração é diferente da celebração jubilosa ou da intercessão amorosa. A reflexão serena sobre os mistérios da nossa fé é necessária para o nosso crescimento na fé.

Oração com Outras Pessoas

Jesus ensinou aos seus seguidores: "Mas tu, quando orares, entra no teu quarto e, fechando a porta, ora ao teu Pai ocultamente; e o teu Pai, que vê o que está oculto, te recompensará" (Mateus 6,6). Jesus advertiu sobre a ostentação pública na oração, mas não disse que a nossa oração deve ser exclusivamente particular. Ele próprio se retirava para rezar, mas também rezava com os apóstolos e na presença deles. Os apóstolos pediram a Jesus que os ensinasse a rezar porque o viam rezando (ver Lucas 11,1). Durante a Última Ceia, Jesus conduziu os apóstolos pelas orações e Salmos da Páscoa, acrescendo suas próprias palavras às orações de agradecimento pelo pão e pelo vinho (ver Marcos 14,26). Assim, para Jesus, a oração não devia ser feita apenas no isolamento, mas também na companhia de outras pessoas.

Jesus escolheu três apóstolos — Pedro, Tiago e João — para juntar-se a ele em momentos especiais de oração. Eles estavam com Jesus na transfiguração, que aconteceu num momento de oração, "... tomando consigo a Pedro, João e Tiago, ele subiu à montanha para orar. Enquanto orava, o aspecto de seu rosto se alterou, suas vestes tornaram-se de fulgurante brancura" (Lucas 9,28-29). Jesus pediu a Pedro, Tiago e João que ficassem perto dele durante a sua oração mais intensa e pessoal registrada nos Evangelhos, sua agonia no Getsêmani antes da crucifixão.

E foram a um lugar cujo nome é Getsêmani. E ele disse a seus discípulos: "Sentai-vos aqui enquanto vou orar". E, levando consigo Pedro, Tiago e João, começou a apavorar-se e a angustiar-se. E disse-lhes: "A minha alma está triste até a morte; permanecei aqui e vigiai". E, indo um pouco adiante, caiu por terra, e orava para que, se possível, passasse dele a hora (Marcos 14,32-35).

Somente Jesus poderia esvaziar o cálice que ele precisava beber. Mesmo assim, o momento de oração mais reservado de Jesus foi também um momento em que ele quis o apoio dos seus seguidores.

A Nossa Oração

Do mesmo modo, Jesus nos convidou a apoiarmo-nos uns aos outros na oração. Ele prometeu a sua presença especial quando nos reunimos em seu nome para rezar; ele prometeu um poder especial às nossas orações quando nos unimos para apresentar as nossas necessidades ao seu Pai: "Em verdade ainda vos digo: se dois de vós estiverem de acordo na terra sobre qualquer coisa que queiram pedir, isso lhes será concedido por meu Pai que está nos céus. Pois onde dois ou três estiverem reunidos em meu nome, ali estou eu no meio deles" (Mateus 18,19-20).

A oração, portanto, contém uma dimensão comunitária e uma dimensão individual. A união entre nosso Pai e nós, alimentada pela oração, também envolve os outros filhos do mesmo Pai. É apropriado reunirmo-nos uns com os outros em oração nas várias maneiras em que possamos rezar juntos. Às vezes rezamos como parte de uma congregação de devotos mais ampla; outras vezes rezamos apenas ao lado de uma única pessoa — um cônjuge ou amigo íntimo. Outras vezes, a oração em pequenos grupos pode nos ajudar quando queremos louvar ao nosso Pai e crescer na sua vida.

Devemos observar que a oração que Jesus ensinou aos seus seguidores é uma oração coletiva, não individual. Não rezamos "*Meu* Pai... dá-*me* hoje o meu pão". Dizemos, "Pai nosso... dá-*nos* hoje o *nosso* pão... Perdoa-nos *as nossas* ofensas, como *nós* perdoamos... Não *nos* deixes cair em tentação, mas livra-*nos* do mal". Ser filho ou filha do Pai significa ser um irmão ou irmã de Jesus e uns dos outros.

Para Refletir

- *Sinto-me mais à vontade rezando com outras pessoas ou reservadamente?*
- *As minhas orações estão dentro de um padrão familiar?*
- *Há algum tipo de oração que estou negligenciando?*

Oração Introdutória

Pai, são tantas as coisas que eu poderia dizer-te em oração, mas quase sempre digo tão pouco. Dá-me palavras de louvor e de súplica a ti, de pedido de perdão e de agradecimento.

11

Avaliação do Nosso Modo de Rezar

Dois homens subiram ao Templo para orar; um era fariseu e o outro publicano. O fariseu, de pé, orava interiormente deste modo: "Ó Deus, eu te dou graças porque não sou como o resto dos homens, ladrões, injustos, adúlteros, nem como este publicano; jejuo duas vezes por semana, pago o dízimo de todos os meus rendimentos". O publicano, mantendo-se à distância, não ousava sequer levantar os olhos para o céu, mas batia no peito dizendo: "Meu Deus, tem piedade de mim, pecador!" Eu vos digo que este último desceu para casa justificado, mais do que o outro. Pois todo o que se exalta será humilhado, e quem se humilha será exaltado.

Lucas 18,10-14

Para compreender todo o impacto da parábola de Jesus, precisamos ver as orações do fariseu e do coletor de impostos como elas se apresentam. Temos de supor que eles realmente estavam sendo sinceros em suas orações e não dissimulando o que exprimiam.

A Oração do Fariseu

Também perderemos grande parte do impacto da parábola se olharmos para o fariseu com antipatia total. Podemos dizer muitas coisas favoráveis a respeito dos fariseus do tempo de Jesus. Eles eram zelosos em sua obediência às leis de Deus como as entendiam. Ao insistirem na observação dos pontos sutis de suas tradições, às vezes descuidavam de questões mais importantes (todos nós também não fazemos isso?). Mas os fariseus não eram homens maus; eram homens religiosos um tanto extraviados em seu fervor.

A oração do fariseu transmitia uma devoção verdadeira e ao mesmo tempo um defeito trágico. Ele jejuava duas vezes por semana; era escrupuloso no pagamento do dízimo de todos os seus rendimentos. Não estava comprometido com nenhuma ocupação indecorosa, como a cobrança de impostos para Roma, um poder pagão; não roubava e não cometia adultério. Ele dava graças a Deus por sua retidão: afinal, ele fora ao templo para rezar. Em contraste, uma boa parte do resto do mundo era injusta e adúltera, e muitos outros judeus eram desleixados na observância da lei. A oração desse fariseu encerrava muita verdade e a sua vida continha muitos aspectos recomendáveis.

Entretanto, a oração do fariseu não atraiu o favor de Deus. A virtude desse fariseu havia se transformado em fonte de orgulho; ele desprezava todos os que não vivessem segundo o código de conduta seguido por ele. Como algumas traduções registram, sua oração acabou tornando-se "uma oração para si mesmo", e não uma oração oferecida humildemente a Deus. Por mais eloqüentes que fossem suas palavras, essa foi uma oração de auto-satisfação, de autojustificação.

A Oração do Publicano

A oração do coletor de impostos era muito diferente. A ocupação dele era considerada pecaminosa, e ele podia se aproveitar do cargo para extorquir dinheiro (muitos funcionários faziam isso; ver Lucas 3,12-14). Ele não podia apresentar uma lista apreciável de realizações espirituais. Ele tinha consciência de que não cumpria a lei em vários aspectos. Por isso, sentia-se pecador e distante de Deus. Sua oração não era de louvor ou de agradecimento; ele não conseguia sequer levantar os olhos ao céu. Ousava apenas fazer uma oração humilde de confiança na misericórdia de Deus. Ele não imaginava estar fazendo uma boa oração; provavelmente saiu do templo com a sensação de que sua prece fora insignificante aos ouvidos divinos, acostumados a ouvir orações muito melhores de pessoas mais virtuosas.

Jesus, porém, nos disse que foi a oração do coletor de impostos que encontrou graça aos olhos de Deus!

Como Rezamos?

Podemos ter características tanto do fariseu como do publicano. Por um lado, se temos consciência do chamado que recebemos de Deus, se temos consciência de viver uma vida mais virtuosa do que outras pessoas no mundo atual, caímos no erro do fariseu: sutilmente (ou não tão sutilmente) desprezamos os outros por não seguirem o nosso estilo de vida. Essa parábola de Jesus pode ser um duro lembrete para nós, no sentido de que por mais que sejamos favorecidos aos olhos de Deus e por mais extraviado e pecaminoso que o mundo possa ser, incorremos no julgamento de Deus quando desprezamos os outros. Se essa atitude contamina as nossas orações, elas correm perigo de se tornar orações por nós mesmos: orações de auto-satisfação e de autojustificativa.

Talvez rezemos como o coletor de impostos, conscientes das nossas falhas em realizar o plano de Deus para nós, sentindo-nos distantes de Deus, incapazes de fazer a oração de agradecimento ou de louvor com certa convicção. De fato, tudo o que podemos fazer com convicção é implorar a misericórdia divina. Podemos sentir que não temos muita aptidão para rezar e que as palavras que ocupam nossa mente quando tentamos rezar não impressionam a Deus. Às vezes, talvez nos perguntemos se devemos considerar o tempo de oração como oração de fato, pois, do início ao fim, ele parece tomado por distrações. Podemos até mergulhar num silêncio incômodo na presença de Deus, tentando encontrar alguma palavra, qualquer que seja, para oferecer em oração.

É animador Jesus nos ter dito que a oração do coletor de impostos era aceitável a Deus. Deus via o publicano com mais benevolência do que este via a si mesmo; Deus valorizava a oração do publicano mais do que o próprio publicano. Deus estava satisfeito com a oferenda humilde que o coletor de impostos fazia de si mesmo e aceitava o seu pedido de misericórdia.

Se a atitude do fariseu de julgar os outros é perigosa, também é perigoso julgar-nos a nós mesmos com escrúpulo excessivo, especialmente no que diz respeito às nossas orações. Precisamos examinar-nos na presença de Deus e pedir-lhe perdão quando pecamos. Mas se prestamos mais atenção ao modo como rezamos do que a quem rezamos, podemos acabar inflados como o fariseu porque rezamos muito bem ou então desanimados porque a nossa oração é vacilante e inarticulada. Se nos identificarmos demais com nossas orações, podemos ser tentados a deixar de rezar. Por que ir à igreja todos os dias quando tudo o que conseguimos quando lá estamos é um fraco "Deus, tem piedade de mim, pois sou pecador"? Se exigimos que nosso momento de oração seja sempre recompensador, talvez abandonemos a oração decepcionados.

A lição do coletor de impostos é que talvez não sejamos bons juízes do nosso modo de rezar. Nosso Pai ouve o nosso clamor por misericórdia por mais indignos que nos sintamos, por mais consciência que tenhamos dos nossos pecados, por mais distantes que nos sintamos dele — porque ele está junto de nós quando rezamos.

Para Refletir

- Acredito que Deus está realmente interessado nas minhas orações, por mais trôpegas que possam ser?
- Acredito que ele me ama, apesar dos meus pecados?
- Acredito que ele ouve os meus clamores quando recorro a ele?

Oração Introdutória

Pai, ensina-me a ser grato por todas as coisas boas que me tens concedido e feito por mim, mas sem que eu menospreze qualquer outra pessoa. Permite que eu veja meus pecados com clareza, mas sem me desesperar com eles. Dá-me um coração que seja agradável a ti.

12

Dificuldades na Oração

É ele que, nos dias de sua vida terrestre, apresentou pedidos e súplicas, com veemente clamor e lágrimas, àquele que o podia salvar da morte; e foi atendido por causa da sua submissão. E embora fosse Filho, aprendeu, contudo, a obediência pelo sofrimento.

Hebreus 5,7-8

Além dos problemas para fugir das multidões clamorosas quando queria rezar, Jesus também se deparava com outras dificuldades na oração. Jesus era Filho de Deus, mas era também Jesus de Nazaré, o carpinteiro, um homem que participava da natureza humana em todos os aspectos, menos no pecado. Jesus sentiu toda a variedade das emoções humanas, desde a alegria (ver Lucas 10,21) até a tristeza (ver Lucas 19,41-44; João 11,35). Na epístola aos Hebreus, lemos: "Com efeito, não temos um sumo sacerdote incapaz de se compadecer das nossas fraquezas, pois ele mesmo foi provado em tudo como nós, com exceção do pecado" (4,15). Jesus Cristo vivenciou a nossa fraqueza; Jesus Cristo foi tentado como somos tentados.

A participação plena de Jesus na condição humana incluía também a sua vida de oração. A epístola aos Hebreus descreve Jesus apresentando "pedidos e súplicas, com veemente clamor e lágrimas" (5,7). Essa não é a descrição de alguém cuja vida de oração fosse livre de esforços e cheia de consolo incessante, mas de alguém que se esforçava para rezar, como nós.

Vemos mais claramente as dificuldades por que Jesus passou ao rezar no início e no fim do seu ministério público.

As Tentações de Jesus

Depois do batismo, "Jesus, pleno do Espírito Santo, voltou do Jordão; era conduzido pelo Espírito através do deserto durante quarenta dias e tentado pelo diabo" (Lucas 4,1-2). Essas palavras justapõem idéias aparentemente contraditórias: A um só tempo, Jesus estava pleno do Espírito e era tentado pelo diabo. Jesus era levado pelo Espírito Santo, mas para o deserto. De uma perspectiva humana, poderíamos pensar que o fato de uma pessoa estar plena do Espírito Santo eliminaria todas as tentações ou pelo menos a imunizaria contra elas. Poderíamos achar que o Espírito conduziria a pessoa a um lugar sossegado, de tranqüilo repouso, não a um deserto. Mas não foi isso que aconteceu com Jesus — e não é assim conosco.

Durante a sua permanência no deserto, Jesus "por quarenta dias e quarenta noites esteve jejuando. Depois teve fome" (Mateus 4,2). Jesus sentiu fome como nós sentimos fome, ele se cansou de viagens que nos cansariam, ele teve de lutar contra a fadiga quando ficava acordado até tarde da noite para rezar. Os Evangelhos nos dizem que foi depois desse longo jejum que o demônio apareceu para tentá-lo. As tentações vieram quando Jesus estava fisicamente abatido, no momento em que ele estava mais vulnerável humanamente.

As tentações com que o diabo instigou Jesus tinham o objetivo de fazê-lo desviar-se do plano de Deus para ele e assumir um tipo diferente de messianismo. O demônio tentou Jesus a tornar-se um milagreiro que usaria seus poderes para vantagem pessoal, transformando pedras em pão quando tivesse fome, jogando-se gloriosamente do alto do Templo para provocar o espanto e a admiração das multidões. O demônio tentou Jesus para que se tornasse um messias político, contando com o prestígio mundano em vez de vir a ser o messias que morreria pelo mundo. Jesus rejeitou essas tentações por serem contrárias à vontade do Pai para ele e citou as Escrituras para repeli-las (ver Lucas 4,3-13).

O que aconteceu com Jesus acontece também conosco. Nossa condição física afeta o modo como rezamos e as tentações que enfrentamos. Algumas dificuldades para rezar decorrem de causas físicas. Se estamos cansados, as nossas orações podem parecer pesadas. Se estamos nervosos e preocupados, é maior a propensão a distrações. Se estamos doentes ou esgotados, a oração se ressente dessa situação. Não somos anjos; o estado do nosso corpo tem muita influência sobre o nosso espírito.

As tentações que enfrentamos também podem ser semelhantes às de Jesus. Em tempos de aridez ou de dificuldade, podemos ser tentados a mudar radicalmente a nossa vida, assim como o demônio tentou Jesus a se tornar um tipo diferente de messias. Os compromissos que assumimos anteriormente podem parecer menos atrativos; podemos almejar a realização de alguma coisa diferente para sair do deserto em que nos encontramos. Mas isso quase sempre é um erro. Se o nosso compromisso básico é com Deus, normalmente é insensato mudar a trajetória num momento de desolação, não importa quão irremediável tudo possa parecer. Diante da aridez e da tentação, precisamos nos apegar mais firmemente do que nunca à direção e à vontade de Deus para nós. Como não temos condições de perceber claramente as mudanças na direção de Deus para nós, quando passamos por dificuldades e desolação devemos permanecer perseverantes no rumo que seguimos, por menores que possam ser seus atrativos.

Os Evangelhos nos dizem que Jesus também enfrentou momentos difíceis na oração no final do seu ministério público. As dificuldades vieram de fora — da sua traição e da crucificação — mas afetaram a sua oração. Se as nossas orações são mais do que meras palavras, se expressam toda nossa vida e comprometimento, não existe distinção fácil a estabelecer entre as nossas dificuldades na oração e as nossas dificuldades em geral. Sem dúvida, essa separação fácil na vida de Jesus não existiu.

A Agonia no Jardim

Depois da Última Ceia, Jesus foi a um jardim no monte das Oliveiras para rezar. Pedindo a seus seguidores que vigiassem, ele levou consigo Pedro, Tiago e João até o jardim e "começou a apavorar-se e a angustiar-se. E disse-lhes: 'A minha alma está triste até a morte'" (Marcos 14,33-34). A provação que Jesus sabia que estava para enfrentar despertou nele reações humanas normais de aflição e ansiedade, e isso se refletiu na sua oração: "E, cheio de angústia, orava com mais insistência ainda, e o suor se lhe tornou semelhante a espessas gotas de sangue que caíam por terra" (Lucas 22,44).

Vale notar que, mesmo na sua agonia, a oração de Jesus foi uma oração a seu Pai: "E, indo um pouco adiante, caiu por terra, e orava para que, se possível, passasse dele a hora. E dizia: '*Abba!* Ó Pai! A Ti tudo é possível: afasta de mim este cálice; porém, não o que eu quero, mas o que tu queres'" (Marcos 14,35-36). A única passagem nos Evangelhos que preserva para nós o termo íntimo *Abba,* que Jesus utilizava para se dirigir a seu Pai, é o relato da sua oração angustiada diante da morte! Se houve um momento em que Jesus se sentiu abandonado por Deus, foi nessas horas finais. Mas no momento do seu pior sofrimento, Jesus rezou a seu Pai com a maior intimidade, confiança e amor.

Essa intimidade é a chave para enfrentarmos dificuldades na nossa oração, para vencermos as tentações, para suportarmos os momentos de aflição, para perseverarmos diante das distrações. Estamos rezando ao nosso Abba, ao nosso Pai. A oração não é uma questão de técnicas, de modo que bastaria conhecer alguns truques para eliminar todas as dificuldades e toda aridez. Rezar é recorrer ao nosso Pai celeste. A nossa força na oração, apesar dos nossos problemas, vem da confiança de que Deus é de fato nosso Pai e nos ama com amor de Pai, como Jesus nos ensinou.

A Oração na Cruz

Jesus rezou na cruz: "Deus meu, Deus meu, por que me abandonaste?" (Mateus 27,46). Essas são as palavras de abertura do Salmo 22 (21), um Salmo que termina com uma proclamação confiante da vitória de Deus. Mas rezadas na cruz, elas foram também um brado de aflição. A angústia de Jesus era angústia real, e as suas orações expressavam essa angústia. Entretanto, Jesus manteve a sua relação de intimidade com seu Pai mesmo na cruz: "Pai, perdoa-lhes: não sabem o que fazem" (Lucas 23,34). As suas orações de perdão por aqueles que o estavam levando à morte eram uma oração de confiança no amor do Pai. E no instante de dar o último suspiro, ele rezou: "Pai, em tuas mãos entrego o meu espírito" (Lucas, 23,46). Sua oração final foi de confiança no Pai, uma derradeira entrega de si mesmo nas mãos do Pai.

Quando passamos por dificuldades na oração, a verdade a que devemos nos apegar é a revelação de Jesus de que Deus é nosso Pai. A oração em que devemos perseverar, mesmo se a nossa oração é seca como o deserto judaico, é o nosso clamor, "Abba, Pai!" O foco que devemos manter, por maiores que sejam as provas que nos afligem, interna e externamente, é em Deus como nosso Pai amoroso. Lutando com os sofrimentos do medo, da aflição, da dúvida e da angústia, devemos rezar, "Pai." Frente à própria morte, podemos rezar com confiança, "Pai." Apesar de tudo que não compreendemos, apesar das confusões e das tentações, a despeito de tudo que nos aflige, precisamos confiar em Deus como nosso Pai. Essa foi a oração de Jesus em sua agonia; essa deve ser a nossa oração.

Nos extremos das nossas dificuldades, podemos ser tentados a achar que fomos abandonados por Deus — talvez por causa dos nossos pecados, talvez simplesmente devido a algum descuido por parte de Deus. Podemos não sentir a sua presença da forma costumeira. Podemos perder a capacidade de rezar como sempre o fizemos. Podemos ser tentados a duvidar de que Deus é realmente nosso Pai.

Essa é uma tentação que precisamos encarar de frente. Se somos levados a acreditar que Deus nos abandonou, a solução é abandonar-nos nas suas mãos. Jesus rezou no seu momento de agonia: "Contudo, não a minha vontade, mas a tua seja feita!" (Lucas 22,42). Essa é também a oração que Jesus nos ensinou a rezar: "Pai nosso... seja feita a tua vontade" (Mateus 6,9, 10). A oração de Jesus no Getsêmani repercute através de nós sempre que rezamos o Pai-Nosso. Em tempos de provação, todo seguidor de Jesus deve fazer ressoar da mesma maneira a oração dele na cruz: "Pai, em tuas mãos entrego o meu espírito" (Lucas 23,46). Assim fez Estêvão, o primeiro mártir, à beira da morte: "Senhor Jesus, recebe o meu espírito" (Atos 7,59). A nossa oração de abandono nas mãos do nosso Pai — "seja feita a tua vontade" — é a nossa resposta final diante das dificuldades, assim como foi a resposta final de Jesus.

Para Refletir
- *Qual é a maior tentação ou dificuldade que estou enfrentando nesse exato momento?*
- *Consigo rezar a Deus como meu Pai e dizer: "Seja feita a tua vontade"?*

Oração Introdutória
Abba, Pai, eu me coloco em tuas mãos. Coloco toda a minha esperança no teu amor por mim. Que a tua vontade seja feita na minha vida.

13

Rezando em Espírito

Eis que eu vos enviarei o que meu Pai prometeu. Por isso, permanecei na cidade até serdes revestidos da força do Alto.

Lucas 24,49

Jesus veio para nos trazer o Espírito Santo. Ele veio para nos mostrar o caminho para o Pai — e esse é o caminho do Espírito. Ele veio para nos trazer vida abundante — e essa vida é a vida do Espírito. Ele veio para nos ensinar a rezar como ele rezava — e essa é a oração do Espírito.

Se Jesus vivia constantemente em relação com o Pai, ele também vivia na plenitude do Espírito Santo. O batismo de Jesus realizado por João assinalou o início do ministério público de Jesus; nesse ato, enquanto Jesus rezava, "o Espírito Santo desceu sobre ele em forma corporal, como pomba. E do céu veio uma voz: 'Tu és o meu filho; eu, hoje, te gerei!'" (Lucas 3,22). Esse evento inaugurou a missão de Jesus na terra e manifestou simultaneamente sua condição de filho do Pai e a presença do Espírito Santo nele.

O Espírito Santo e Jesus

O Espírito nunca esteve ausente da vida de Jesus. Os Evangelhos nos dão alguns vislumbres de como Jesus estava "pleno do Espírito Santo" (Lucas 4,1). Quando Jesus exultou de alegria porque o Pai se revelara aos seus discípulos, ele o fez "sob a ação do Espírito Santo" (Lucas 10,21). Quando Jesus instruíra os seus seguidores, fora "sob a ação do Espírito Santo" (Atos 1,2). Jesus realizava as obras do Pai no poder do Espírito; rezava a seu Pai através do Espírito; era guiado na vontade do Pai pelo Espírito.

Jesus prometeu o mesmo Espírito Santo aos seus seguidores. Ele se levantou no último dia da Festa dos Tabernáculos em Jerusalém e disse em alta voz: "Se alguém tem sede, venha a mim e beba, aquele que crê em mim! conforme a palavra da Escritura: Do seu seio jorrarão rios de água viva" (João 7,37-38). João explica que Jesus se referia à água viva que ele daria, isto é, o Espírito Santo, a todos aqueles que cressem nele depois que ele fosse glorificado (João 7,39).

Segundo o Evangelho de João, Jesus instruiu os seus seguidores sobre o Espírito Santo durante a Última Ceia. Ele o descreveu como um advogado — aquele que ensinaria, orientaria, protegeria e ajudaria os seus seguidores, do mesmo modo como o próprio Jesus fizera enquanto vivera na terra. "Eu rogarei ao Pai, e ele vos dará outro Paráclito, para que convosco permaneça para sempre" (João 14,16). O Advogado seria o "Espírito da verdade" (João 14,17) e continuaria a missão de Jesus:

> Quem não me ama não guarda as minhas palavras; e a palavra que ouvis não é minha, mas do Pai que me enviou. Essas coisas vos tenho dito estando entre vós. Mas o

Paráclito, o Espírito Santo que o Pai enviará em meu nome, vos ensinará tudo e vos recordará tudo o que eu vos disse (João 14,24-26).

Assim como Jesus não proclamou uma mensagem própria, mas ensinou a mensagem que lhe foi entregue por seu Pai, do mesmo modo o Espírito Santo continua a trazer a mensagem de Deus à humanidade. O Espírito Santo "não falará de si mesmo, mas dirá tudo o que tiver ouvido e vos anunciará as coisas futuras" (João 16,13). O Espírito Santo continua a obra de Jesus, que consistia em realizar a missão do seu Pai. Assim, é tão profunda a unidade no seio da Trindade, que é apropriado dizer que Jesus veio para nos mostrar o caminho para o Pai e também para nos trazer o Espírito Santo.

Jesus disse aos seus seguidores que era para proveito deles que os deixaria: "É do vosso interesse que eu parta, pois, se eu não for, Paráclito não virá a vós. Mas se eu for, enviá-lo-ei a vós" (João 16,7). Depois da ressurreição, ele disse aos seus discípulos que permanecessem em Jerusalém: "Eis que eu vos enviarei o que meu Pai prometeu. Por isso, permanecei na cidade até serdes revestidos da força do Alto" (Lucas 24,49). Jesus explicitou esse significado antes de subir aos céus: "... mas vós sereis batizados no Espírito Santo dentro de poucos dias" (Atos 1,5). Uma vez recebido o poder do Espírito Santo, os seguidores de Jesus podiam dar testemunho dele em Jerusalém, em toda a Judéia, e até os confins da terra (Atos 1,8).

Jesus Envia o seu Espírito

Quando o Espírito Santo desceu sobre aqueles que estavam no cenáculo, reunidos em oração no dia de Pentecostes, eles o receberam e começaram a proclamar a boa-nova sobre Jesus Cristo com coragem e entusiasmo. Eles foram transformados de um pequeno grupo de homens medrosos que se escondiam de medo atrás de portas fechadas (João 20,19) numa igreja que cresceu rapidamente, atraindo cerca de três mil pessoas depois desse acontecimento. As páginas dos Atos dos Apóstolos são crônicas sobre o poder do Espírito Santo e de sua presença na igreja terrena.

Jesus prometeu o Espírito Santo a todos os que crêem nele. Pedro disse aos que estavam reunidos no dia de Pentecostes que eles também podiam receber o Espírito Santo, como os apóstolos: "Pois para vós é a promessa, assim como para vossos filhos e para todos aqueles que estão longe, isto é, para quantos o Senhor, nosso Deus, chamar" (Atos 2,39). Jesus já havia dito que o Pai enviaria o Espírito Santo sobre aqueles que pedissem em oração para recebê-lo: "Ora, se vós, que sois maus, sabeis dar coisas boas aos vossos filhos, quanto mais o Pai do Céu dará o Espírito Santo aos que o pedirem!" (Lucas 11,13).

Quando o Espírito Santo entra em nossa vida, ele nos torna filhos adotivos do Pai. "E porque sois filhos, enviou Deus aos nossos corações o Espírito do seu Filho, que clama: '*Abba*, Pai!' De modo que já não és escravo, mas filho. E se és filho, és também herdeiro, graças a Deus" (Gálatas 4,6-7). Nós nos tornamos filhos e filhas de nosso Pai celeste através da presença do Espírito em nós. A missão de Jesus de trazer o Espírito Santo era a mesma missão de nos possibilitar acesso a seu Pai.

Há também um elo inextricável entre a presença do Espírito dentro de nós e a capacidade de rezar a Deus como nosso Pai. Jesus pôde autorizar-nos a rezar a Deus como nosso Pai porque ele estava providenciando a nossa adoção como filhos e filhas através do seu Espírito Santo.

> Todos os que são conduzidos pelo Espírito de Deus são filhos de Deus. Com efeito, não recebestes um espírito de escravos, para recair no temor, mas recebestes um espírito de filhos adotivos, pelo qual clamamos: "*Abba!* Pai!" O próprio Espírito se une ao nosso espírito para testemunhar que somos filhos de Deus (Romanos 8,14-16).

O Espírito Reza em nós

O Espírito Santo também nos oferece orientação e força para rezar a Deus como nosso Pai:

> Assim também o Espírito socorre a nossa fraqueza. Pois não sabemos o que pedir como convém; mas o próprio Espírito intercede por nós com gemidos inefáveis, e aquele que perscruta os corações sabe qual o desejo do Espírito; pois, é segundo Deus que ele intercede pelos santos (Romanos 8,26-27).

Paulo se refere aqui à orientação geral que o Espírito nos dá em nossas orações — e provavelmente também faz referência ao dom do Espírito de falar em línguas, um dom que Paulo discute extensamente na primeira carta aos Coríntios (ver capítulos 12-14). Precisamos da presença do Espírito para rezar, "Abba, Pai"; precisamos da inspiração do Espírito para saber rezar conforme é nosso dever; precisamos do dom do Espírito para rezar de modo a expressar o amor que existe em nosso coração.

A condição humana é de fraqueza, e em nenhum outro ato essa condição é mais evidente do que nas nossas orações.

Os que rezaram durante um certo período de tempo sabem por experiência própria como são fracos os nossos poderes de oração, como é fácil distrair-se, como os nossos corações e palavras pesam em determinados dias. É evidente que precisamos de um poder que está além do nosso para rezarmos com tranqüilidade, com alegria, com persistência. Precisamos de uma capacidade além da nossa para, verdadeiramente, oferecer palavras de louvor adequado a Deus. Precisamos de uma fé além da nossa para rezar pelo bem daqueles a quem amamos. Precisamos da alegria do Espírito para elevar os nossos corações quando estamos acabrunhados. Precisamos rezar para que o Espírito Santo esteja sempre mais presente na nossa vida, de modo a podermos rezar com o poder do Espírito. É somente no Espírito que somos capazes de rezar a Deus como nosso Pai, como nosso Abba. É no Espírito que somos capazes de rezar como Jesus rezava.

Para Refletir
- *O Espírito Santo tem me ajudado a rezar?*
- *Já pedi a ajuda do Espírito Santo alguma vez?*

Oração Introdutória
Vem, Espírito Santo, preencher o meu coração e a minha mente. Dá-me palavras de oração para que eu possa falar com meu Deus e Pai.

14

Aprendendo com a Oração mais Longa

Pai, chegou a hora: glorifica teu Filho, para que teu Filho te glorifique.

João 17,1

Jesus fala com voz majestosa no Evangelho de João. É como se o autor desse evangelho tivesse meditado durante muitos anos sobre Jesus ressuscitado e glorificado, e consiga transmitir parte da glória de Jesus, mesmo escrevendo sobre o ministério público de Jesus. O Evangelho de João também contém a mais longa oração do Novo Testamento: A oração de Jesus durante a Última Ceia ocupa todo o capítulo 17. Como seria de se esperar, essa oração oferece lições que indicam como as nossas próprias orações devem ser.

O contexto da oração é importante: Jesus acabou de fazer sua última refeição com seus amigos e seguidores antes de sua morte. Ele lhes deu suas últimas instruções, sua nova lei do amor. Estabeleceu com eles a nova aliança do seu corpo e sangue. E agora encerra o tempo de permanência juntos com uma oração.

Como todas as orações de Jesus, essa também é dirigida ao seu Pai. Nos 26 versículos que compõem esse capítulo do Evangelho de João, Jesus se refere a si mesmo mais de cinqüenta vezes e se dirige ou se refere a seu Pai também mais de cinqüenta vezes. Cada versículo traz em média cinco referências de Jesus a si mesmo ou ao Pai: "*Pai,* chegou a hora; glorifica *teu Filho,* para que *teu Filho te* glorifique, e que, pelo poder que *lhe* deste sobre toda carne, *ele* dê a vida eterna a todos os que *lhe* deste" (João 17,1-2, itálico nosso).

Oração Pessoal

Essa oração de Jesus não é então uma oração abstrata e de caráter geral que louva um Deus distante. É a oração do Filho dirigida a seu Pai em termos pessoais. É uma oração construída em torno das palavras *eu* e *tu.* É uma pessoa conversando com outra, como expressão do seu relacionamento íntimo.

Além de ser uma oração muito pessoal, é também uma oração de grande reverência. Jesus reza de maneira íntima a seu Pai, mas de forma profundamente respeitosa. Ele tem um respeito profundo por seu Pai como Deus, apesar de falar de forma coloquial com ele como seu Pai.

Essa também não é uma oração em que Jesus se põe como centro, apesar de usar constantemente as palavras *eu* e *me.* O centro da oração é o Pai. Jesus se refere com freqüência a si mesmo, mas em termos característicos da sua relação com o Pai. Ele menciona o poder que tem sobre a humanidade, mas admite que esse poder lhe foi dado pelo Pai (João 17,2). A missão que Jesus cumpriu na terra lhe foi confiada por seu Pai; e foi também o Pai que lhe deu seus seguidores. Na verdade, tudo o que Jesus tem e faz procede do Pai porque tudo o que Jesus tem é do Pai e tudo o que o Pai tem pertence a Jesus (João 17,10).

Nessa oração, Jesus não oferece apenas uma prece ao Pai; ele oferece a si mesmo. Essa prece é uma síntese da sua vida e missão, recitada na véspera da sua morte. "Pai, chegou a hora" (João 17,1). Jesus está perto da conclusão da sua missão, que recebeu do Pai; agora ele oferece a si mesmo como ato derradeiro. Jesus reafirma que está nas mãos do Pai e oferece a sua vida para glória de Deus.

Essa oração de Jesus é assim uma oração de louvor. Ele reza por si mesmo, mas de modo que o Pai possa ser glorificado: "Glorifica teu Filho, para que teu Filho te glorifique" (João 17,1). Assim como toda a vida de Jesus foi dedicada à realização da obra do Pai e à glória do Pai, do mesmo modo essa última oração é oferecida para a glória de Deus.

A oração de Jesus é também uma oração de intercessão. Ele reza por seus amigos e seguidores, aqueles que o Pai colocou sob os seus cuidados. Na sua pobreza, Jesus nem mesmo pretende ter seguidores próprios, mas reconhece que eles foram escolhidos e enviados por seu Pai. Jesus lhes deu a conhecer o Pai; ele os ensinou segundo o plano do Pai; transmitiu-lhes a palavra de Deus; velou por eles e cuidou deles. Agora chegou o momento de enviá-los ao mundo, assim como o Pai enviou Jesus ao mundo. Por isso, Jesus não reza para que seus seguidores sejam tirados do mundo, mas para que sejam guardados do mal, isto é, do demônio (João 17,15). Como ato final de amor a seus seguidores, Jesus reza pedindo ao Pai que os proteja nos dias que hão de vir, quando não mais poderá estar ao lado deles como no passado.

Jesus conclui rezando pela unidade dos seus seguidores — não apenas pela unidade dos que estavam presentes na Última Ceia, mas também pela unidade de todos que creriam nele através da pregação dos apóstolos. Jesus reza para que a unidade dos seus seguidores seja tão profunda e tão visível de modo a se transformar num sinal eficaz da sua filiação divina: "Eu neles e tu em mim, para que sejam perfeitos na unidade e para que o mundo reconheça que me enviaste e os amaste como amaste a mim" (João 17,23).

Cinco Aspectos

Muitos elementos da oração de Jesus durante a Última Ceia podem servir de modelo para nós quando rezamos. De modo particular, cinco aspectos dessa oração podem nos orientar quando rezamos ao Pai: a identidade de Jesus como Filho, a reverência e o louvor de Jesus, a oferenda que Jesus fez de si próprio ao Pai, a intercessão de Jesus pelos que estavam sob sua responsabilidade e a prece pela unidade.

1. A oração de Jesus se fundamenta na sua identidade como Filho de Deus. Assim também a nossa oração deve se basear na nossa identidade de filhos de Deus. A nossa oração deve ser uma expressão da relação que Jesus estabeleceu entre o seu Pai e nós. Não recorremos a Deus em oração como simples homens e mulheres que buscam a Deus; recorremos ao nosso Pai como filhos e filhas adotivos, com simplicidade e confiança.
2. Ao mesmo tempo, a nossa oração deve ser marcada pela reverência e louvor que caracterizam a oração feita por Jesus na Última Ceia. Nosso Pai é Deus; fomos criados por ele, e adotados por ele. Deus merece reverência e respeito, louvor e adoração.

3. A oração de Jesus ao término da Última Ceia é também uma oração de encerramento dos seus anos sobre a terra. É uma oração em que Jesus oferece toda a sua vida e missão a seu Pai e se coloca nas mãos do Pai. A nossa oração também deve seguir na direção dessa entrega fundamental de nós mesmos. Rezar não é oferecer meras palavras a Deus, mas é oferecermo-nos nós mesmos a ele.
4. Jesus intercede por aqueles por quem era responsável. Também na nossa oração devemos manifestar interesse especial por aqueles que estão sob os nossos cuidados e com os quais nos preocupamos: nossa família, nossos amigos e aqueles a quem estamos ligados pelos laços da fé cristã. Devemos interceder por eles todos os dias, levando as preocupações deles a Deus como se fossem nossas, rezando por seu bem-estar e proteção divina.
5. Jesus reza pela unidade dos seus seguidores. Essa preocupação de Jesus com a unidade também deve estar nos nossos corações. Devemos rezar para que aqueles que reconhecem o mesmo Senhor sejam um no coração e na mente uns dos outros; devemos rezar para que aqueles que invocam o mesmo Deus como Pai sejam *unidos uns aos outros* como seus filhos.

Para Refletir

Leia o capítulo 17 do Evangelho de João lentamente, prestando muita atenção ao modo como Jesus fala de si mesmo com relação ao seu Pai.

- *O que esse capítulo me diz sobre Jesus, sobre seu Pai e sobre a relação que existe entre eles?*

Oração Introdutória

Pai, ofereço-te a minha vida; entrego a ti todo o meu ser. Tudo o que tenho vem de ti; tudo o que sou coloco diante de ti.

15

O Partir do Pão

Enquanto comiam, Jesus tomou um pão e, tendo-o abençoado, partiu-o e, distribuindo-o aos discípulos, disse: "Tomai e comei, isto é o meu corpo". Depois, tomou um cálice e, dando graças, deu-lho dizendo: "Bebei dele todos, pois isto é o meu sangue, o sangue da aliança, que é derramado por muitos para remissão dos pecados".

Mateus 26,26-28

As palavras e as ações de Jesus durante a Última Ceia foram surpreendentes. Pão e vinho eram ingredientes obrigatórios em refeições cerimoniais judaicas como a da Páscoa. Mas para alguém oferecer pão, dizendo: "Tomai e comei; isto é o meu corpo", e oferecer um cálice de vinho e dizer: "Bebei dele todos, pois isto é o meu sangue", e acrescentar que os pecados serão perdoados com o derramamento do seu sangue — isso é tão extraordinário que de duas, uma: pensar que ele estava fora de si ou inclinar-nos diante dele em reverência e adoração. Parece não haver nenhum meio-termo satisfatório: não podemos protestar lealdade a Jesus como um simples mestre de verdades profundas quando ele nos deu pão e vinho como seu corpo e seu sangue. Ou ele estava fora do seu juízo perfeito (ver Marcos 3,21) ou tinha autoridade e poder para fazer o que nenhum outro ser humano pode: perdoar os pecados (ver Marcos 2,5-11) e dar seu corpo para ser comido e seu sangue para ser bebido.

Os Evangelhos de Mateus, Marcos e Lucas incluem poucos elementos para preparar o leitor para as palavras e as ações impressionantes de Jesus durante a Última Ceia. O Evangelho de João, porém, nos oferece um discurso de Jesus que proclama a sua carne como nosso alimento e o seu sangue como nossa bebida, como substâncias que nos dão a vida eterna.

O Pão Vivo

As palavras de Jesus no Evangelho de João são tão ousadas como as pronunciadas durante a Última Ceia: "Eu sou o pão vivo descido do céu. Quem comer deste pão viverá eternamente. O pão que eu darei é a minha carne para a vida do mundo" (João 6,51). As declarações de Jesus são de suma importância para todos: ele não é apenas da terra como nós, mas também do céu; ele nos dará a sua carne para comer, e os que comerem dessa carne não serão afetados pela morte, mas possuirão a vida eterna; a entrega de si mesmo como pão trará vida ao mundo inteiro.

Os que ouviram essas declarações pela primeira vez ficaram tomados de espanto e se perguntavam: "Como esse homem pode dar-nos a comer a sua carne?" (João 6,52). Não teriam ouvido bem? Jesus respondeu imediatamente para esclarecer qualquer mal-entendido:

Em verdade, em verdade, vos digo: se não comerdes a carne do Filho do Homem e não beberdes o seu sangue, não tereis a vida em vós. Quem come a minha carne e bebe o meu sangue tem a vida eterna, e eu o ressuscitarei no último dia. Pois a minha carne é verdadeiramente comida e o meu sangue é verdadeiramente bebida (João 6,53-55).

A multidão estava escandalizada. Para todos eles Jesus era apenas "o filho de José, cujo pai e mãe conhecemos" (João 6,42). Mesmo os que se consideravam seus seguidores diziam: "Essa palavra é dura! Quem pode escutá-la?" (João 6,60). "A partir daí, muitos discípulos voltaram atrás e não andavam mais com ele" (João 6,66).

Nós também devemos ficar assustados com essas afirmações. Se não ficamos, talvez seja porque elas se tornaram demasiadamente familiares. Não devemos tornar a fé mais difícil. Mas se a nossa fé se mantém serena com declarações tão radicais de Jesus, devemos nos preocupar porque a mensagem do evangelho se tornou uma banalidade ou então devemos ficar muito agradecidos por ter recebido uma grande dádiva de fé.

Jesus não pareceu surpreso com a desistência de muitos dos seus seguidores. Para acreditar verdadeiramente nele e segui-lo exige-se uma dádiva de fé do seu Pai: "Por isso vos afirmei que ninguém pode vir a mim, se isso não lhe for concedido pelo Pai" (João 6,65).

O próprio Jesus questionou a fé dos doze apóstolos: "'Não quereis vós também partir?' Simão Pedro respondeu-lhe: 'Senhor, a quem iremos? Tens palavras de vida eterna'" (João 6,67-68). Estamos na situação de Pedro: a quem, senão a Jesus, poderíamos ir na esperança de obter a vida eterna?

Em Memória de Jesus

Durante a Última Ceia, Jesus celebrou a memória da antiga aliança na refeição da Páscoa e transformou-a numa celebração da nova aliança que ele estava estabelecendo entre seu Pai e seus seguidores. Jesus tomou o pão e o vinho da antiga aliança e deu-os aos seus seguidores como seu corpo e seu sangue, como base da nova aliança. E disse-lhes: "Fazei isto em minha memória" (Lucas 22,19).

Esse ato de abençoar e partir o pão como corpo de Cristo tornou-se parte essencial da vida da igreja primitiva. Quando os primeiros cristãos se reuniam para rezar, eles não ofereciam apenas palavras de oração; eles ofereciam o corpo e o sangue de Jesus Cristo. A oração deles consistia não apenas em dizer, mas em fazer. E o que faziam era imitando o que Jesus fizera durante a Última Ceia, em obediência à ordem dele. Quando Lucas quis resumir a vida da igreja de Jerusalém, ele caracterizou os seguidores de Jesus como "assíduos ao ensinamento dos apóstolos, à comunhão fraterna, à fração do pão e às orações" (Atos 2,42). Quando Paulo quis instruir a igreja de Corinto na forma adequada de adorar a Deus simultaneamente, ele escreveu:

> Com efeito, eu mesmo recebi do Senhor o que vos transmiti: na noite em que foi entregue, o Senhor Jesus tomou o pão e, depois de dar graças, partiu-o e disse: "Isto é o meu corpo, que é para vós; fazei isto em memória de mim." Do mesmo modo, após a ceia, também tomou o cálice, dizendo: "Este cálice é a nova Aliança em meu sangue; todas as vezes que dele beberdes, fazei-o em memória de mim". Todas as vezes, pois, que comeis desse pão e bebeis desse cálice, anunciais a morte do Senhor até que ele venha. Eis

por que todo aquele que comer do pão ou beber do cálice do Senhor indignamente será réu do corpo e do sangue do Senhor (1 Coríntios 11,23-27).

Participação no Corpo e no Sangue de Cristo

Quando os cristãos se reuniam em oração, eles não só participavam de um encontro de irmãos, mas também tomavam parte no sangue de Cristo. A unidade entre eles, além de ser uma unidade em torno de uma crença comum, era uma unidade do corpo de Cristo: "O cálice de bênção que abençoamos não é comunhão com o sangue de Cristo? O pão que partimos não é comunhão com o corpo de Cristo? Já que há um único pão, nós, embora muitos, somos um só corpo, visto que todos participamos desse único pão" (1 Coríntios 10,16-17).

A participação no corpo e no sangue de Cristo era essencial para a fraternidade e o culto cristãos. Lucas descreve a visita de Paulo à cidade de Trôade: "No primeiro dia da semana, estando nós reunidos para a fração do pão,..." (Atos 20,7). No partir o pão, Jesus se fazia presente entre eles, do mesmo modo que se manifestara aos dois discípulos na estrada para Emaús (Lucas 24,28-35).

Jesus nos deu acesso ao Pai na oração. Ele também entregou a si mesmo, completa e totalmente. Ele se entregou durante toda a sua vida; ele se entregou no Calvário; ele se entregou como pão vivo. A sua igreja ainda celebra a sua presença real entre nós. A sua igreja ainda oferece o corpo e o sangue de Cristo em oração a seu Pai, comungando nessa oferenda de vida eterna.

Para Refletir
- *Tenho reverência pela entrega que Jesus me faz do seu corpo e do seu sangue na Eucaristia?*
- *Como expresso a minha admiração e a minha reverência por esse presente?*

Oração Introdutória
Obrigado, Senhor Jesus, por te entregares totalmente a mim na Eucaristia. Obrigado pela dádiva da vida eterna.

16

"Quando Orardes, Dizei: Pai"

Respondeu-lhes: "Quando orardes, dizei:
Pai, santificado seja o teu nome;
venha o teu reino;
o pão nosso cotidiano dá-nos a cada dia;
perdoa-nos os nossos pecados,
pois também nós perdoamos aos nossos devedores;
e não nos deixes cair em tentação".

Lucas 11,2-4

As orações de Jesus eram únicas porque eram orações a Deus como seu Pai. Assim, estavam no âmago da sua identidade e missão. Jesus veio até nós como Filho de Deus e rezava a Deus como um filho fala com o próprio pai.

As nossas orações também estão na essência da nossa identidade como cristãos. Por Jesus ter vivido entre nós como Filho de Deus e ter morrido por nós, podemos nos tornar filhos e filhas de Deus. Pela presença do Espírito de Jesus Cristo em nós, podemos ser adotados como filhos de Deus. Jesus autorizou todos que encontrassem vida nele a rezar ao seu Pai como Pai deles.

Por isso, podemos recorrer a Deus em oração e invocá-lo como nosso Pai. Por causa de Jesus, podemos fazer o que nenhum de nós ousaria fazer por si próprio: dirigir-se ao criador do universo de modo pessoal, íntimo, direto. Ainda precisamos reconhecer que Deus é Deus e que nós somos suas criaturas; ainda precisamos reconhecer a santidade de Deus e sua autoridade sobre nós. Mas não precisamos nos aproximar de Deus com medo; podemos nos achegar a ele com a confiança de filhos e filhas. Podemos nos colocar diante de Deus com as nossas necessidades; podemos até mesmo pedir-lhe o nosso pão cotidiano.

A nossa oração a Deus como nosso Pai não é um aspecto secundário da nossa vida como cristãos. Ela reflete a natureza básica da nossa redenção: fomos feitos filhos de Deus através da morte e ressurreição de Jesus Cristo e da presença do Espírito Santo dentro de nós. A nossa oração é expressão da nossa condição de filhos e filhas de Deus. A nossa oração é uma conversa com o nosso Pai que está no céu.

Jesus Cristo viveu entre nós como Filho de Deus para que pudéssemos tornar-nos filhos adotivos de Deus. Ele rezou a seu Pai como um Filho e ensinou-nos a rezar como filhos e filhas. Ele nos ensinou a rezar como ele rezava.

Para Refletir
- O que significa para mim ser um filho de Deus?
- Como as minhas orações expressam que sou filho de Deus?

Oração Introdutória
Eu te agradeço, meu Pai do céu, por me haveres criado e tornado teu filho. Obrigado por teres enviado o teu Filho Jesus para que eu pudesse receber o Espírito Santo. Obrigado por me convidares para permanecer na tua presença por toda a eternidade.